suhrkamp nova

»Bin ich jetzt ein Leben müde?«, fragt Benjamin Maack, als er mit seinem großen, schwarzen Rollkoffer vor der Psychiatrie steht. Vier Jahre zuvor hatte er sich schon einmal eingewiesen, nach einem Nervenzusammenbruch – die Diagnose: Depression. Jetzt ist er wieder hier und berichtet von den letzten Nächten, die er nicht mehr im Ehebett, sondern auf dem Sofa verbringt, schlaflos, nervös, in Panik. Und dem Alltag in der Klinik, wie er mit den Mitpatienten »Alarm für Cobra 11« schaut oder im großen Aufenthaltsraum Delfine im Mondlicht puzzelt. Wie ihm statt Frau und Kindern die Pfleger zum 40. Geburtstag gratulieren und wie er in der Kreativwerkstatt lernt, zu sticken. Er erzählt von Medikamenten, ihren Nebenwirkungen, von Selbstmordgedanken und jenem Abend, an dem auch starke Beruhigungsmittel nicht mehr helfen und er auf »die Geschlossene hinter der Geschlossenen« verlegt wird – ständig schwankend zwischen Hoffnung und tiefer Verzweiflung.

Benjamin Maack, geboren 1978, studierte Kunstgeschichte, Philosophie und Volkskunde. Er veröffentlichte die Kurzgeschichten- und Gedichtbände *Du bist es nicht, Coca Cola ist es* (2004), *Die Welt ist ein Parkplatz und endet vor Disneyland* (2007) und *Monster* (2012). Neben weiteren Auszeichnungen wurde ihm der 3sat-Preis beim Ingeborg-Bachmann-Wettbewerb 2013 sowie der Förderpreis zum Hermann-Hesse-Preis 2016 verliehen. Er lebt und arbeitet als Autor und Journalist in Hamburg.

Benjamin Maack

Wenn das noch geht, kann es nicht so schlimm sein

Suhrkamp

3. Auflage 2020

Erste Auflage 2020
suhrkamp taschenbuch 5073
Originalausgabe

Umschlaggestaltung: Rothfos & Gabler, Hamburg
Druck und Bindung: CPI – Ebner & Spiegel, Ulm
Printed in Germany
ISBN 978-3-518-47073-2

Wenn das noch geht, kann es nicht so schlimm sein

Friederike, danke, dass du diesen ganzen Mist aushältst und mich auch dann noch liebst, wenn mal wieder fast nichts mehr von mir da ist außer dir. Ich weiß, das musst du nicht. Und ich weiß, dass du das weißt.

»This has been taken straight out of the newspapers.
Nothing has been changed, except the words.«

Bob Dylan

Eins

Wir stehen im Tunnel. Wir stehen im Tunnel unter dem Fluss. Wir stehen im Stau, einem Rückstau. Das passiert. Das passiert ständig. In den Tunnel hinein. Runter, runter, runter. Die Geschwindigkeit halten, die Geschwindigkeit halten, diese besondere Art der Geschwindigkeit halten. Den Schwung, das Rollen, fast wie von selbst. Ein komisches Schweben, als wäre man zu leicht, als würde was fehlen. Oder ein ganz sanftes Fallen. Vielleicht läuft das Radio, vielleicht gehen die Scheibenwischer auf der trockenen Windschutzscheibe hin und her. Und da sind die Musik und die Scheibenwischer und dieser himmlische Schwung, diese ungeheure Leichtigkeit. Rollen und rollen und die großen, rot-weißen Pfeile übersehen, die auf den Boden zeigen. Sie markieren die Tunnelmitte. Und jetzt geht es bergauf, erst ein wenig, dann ein wenig mehr und dann noch mehr. Langsam braucht es Gas, zuerst nur ein leiser Druck auf das Pedal. Das Tempo halten. Und da sind ja noch immer der Schwung und das Schweben. Und dann hupt es. Und da ist es schon zu spät. Da mussten schon Hunderte auf die Bremse treten, da mussten schon viel zu langsame Wagen über die durchgezogene Linie mit ihren silbernen Markierungsnägeln holpern und auf die Überholspur. Und alles bremst und staut und stoppt.

Funktionieren

Zwei

Wir rollen langsam, ganz langsam, Fuß auf der Bremse. Ich sitze am Steuer unseres Familienwagens, der gerade mein Krankenwagen ist. Er ist breit und hoch, es ist bequem Platz für vier und alles, was man braucht. Wir sind zwei. Ich sitze am Steuer, Theos Tante Hanna daneben. Ich fahre, weil Hanna froh ist über jede Strecke, die sie nicht selber durch die Stadt fahren muss.

Drei

Mein Gehirn ist ein Schwamm, vollgesogen mit Medikamenten. Wissen Sie noch in der Schule, wie schön es da war, den Schwamm unter den Hahn zu halten, bis er ganz voll war, und ihn dann mit einem Klatschen gegen die Tafel zu schmeißen? Wie das Wasser die Tafel dunkel färbt, die Spritzer zu allen Seiten? Die Flecken, die in die Klassenraumluft verschwanden wie Geister.

Vier

Am Ende verbringe ich die Nächte auf dem Sofa im Wohnzimmer. Die anderen schlafen, Friederike oben in unserem Bett, in unserem Schlafzimmer, das für mich etwas anderes geworden ist. Vielleicht ist sie allein, wahrscheinlich liegt Wolf bei ihr. Ich müsste ihr nur eine Hand auf die Schulter legen. Und dann was sagen? Es geht nicht mehr? Hilfe? Am Ende ging es bis jetzt ja noch jede Nacht. Und wie um Hilfe bitten, wenn ich gar nicht mehr glaube, dass mir jemand helfen kann? Finger weg von den anderen, von denen, die richtig sind.

Die meiste Zeit starre ich ins Dunkel. Oder noch eine Serie sehen, noch ein letztes Bad aus der Pfütze im Warmwasserspeicher nehmen. Mehr von den Sachen in mich reinstopfen, die irgendwo zwischen dem Kühlschrank und mir in der Dunkelheit ihren Geschmack verlieren. Alles zu normal für jemanden, dem passiert, was mir passiert.

Am Anfang habe ich ja noch versucht, in unserem Bett zu schlafen, das in den letzten Nachtstunden oft Friederikes, Wolfs, Theos und mein Bett ist. Vier Körper, vier Arten, sich auszustrecken, sich aneinanderzudrücken, Platz zu beanspruchen, sich zuzudecken, zu atmen. Drei, die träumen, und einer, der leerläuft, der ein hohes Summen ----------. Zahnarztbohrerheulen in einem leeren Kopf und eine Gehwegplatte auf der Brust. Diese ganze, dieser riesige Haufen -----? Nein. Ja was eigentlich. -----. Denken ist das nicht, Angst ist das nicht, Wut, Trauer, Trauer. Dann eben einfach Trauer. Von mir aus Trauer. Können wir es bitte Trauer nennen? Eine Turbine -- ------ im Kopf, das ganze Drehen. Alles zerreißt, ein heilloses Durcheinander. Alles vertauscht, an falsche Stellen gezerrt und gequetscht und gespuckt. Ich kann keinen Gedanken fassen, sie stolpern über sich selbst. Und da ist kein

Gefühl mehr, das ich ertragen kann. Aber die Gefühle durchzucken ja meinen Körper, brennen unter der Haut und über dem Chaos. Und es gibt kein Aufstehen mehr, nur die Panik und den Stapel Gehwegplatten auf der Brust.
Und wenn ich doch kurz einschlafe, schrecke ich aus Träumen hoch, die ich sofort wieder vergessen habe. Ich setze mich auf und gucke stumpf in die Dunkelheit, warum nicht alle wach sind. Weil ich doch geschrien habe, weil ich doch von meinen eigenen Schreien aufgewacht bin. Aber keiner ist wach. Die roten Ziffern auf der Radioweckerdigitalanzeige. Ich hoffe, dass zwei Stunden vergangen sind, wenigstens eine. Bitte eine. Siebzehn Minuten. Und die Dunkelheit und die Nacht sind riesig und überall.

Schlafen. Ich versuche, mich nicht zu bewegen. Wenn man sich in der Nacht nicht bewegt, schläft man ein.
Ich liege starr, um Friederike nicht zu wecken. Meine Muskeln angespannt, mein Blick stochert in der Dunkelheit, als wären die Schrecken da draußen. Wie fremd ich der Welt geworden bin, wie fremd ich mir selbst bin. Wie ich niemand mehr bin. Nichts. Nicht mal -----. Ein –

Was eigentlich? Ich wüsste das so gern. Ich weiß es nicht. Ich bin ein Experiment und weiß nicht, in was ich mich verwandeln werde und wer den Versuch überwacht. Ich habe Angst. Vor mir, vor der Zukunft. Warum? Weil ich nicht mehr ich bin, weil es für das, was einmal ich war, keine Zukunft mehr geben, weil ich nichts Schönes mehr denken kann. Weil ich mich vor mir fürchte, davor, wie die Welt vor meinem Kopf verdüstert und ergraut. Weil mein Kopf mir die Welt zertrümmert hat. Nachts bin ich allein mit mir, mit dieser hässlichen, irren Nacht, die weder hässlich ist noch irre, nur diese stille, unbelebte Welt, die kalt und klirrend ------ -------- ---- -----, eine Nacht, die ich ganz allein mit Hässlichkeit und Irrsinn auffülle. Und die Tage sind die von einer gleichgültigen Sonne übergossene Schwester der Nacht. Tags werde ich nicht mehr richtig wach. Tags finde ich mich noch unheimlicher als nachts, tags habe ich noch mehr Angst vor mir, und ich habe Angst vor den Blicken der anderen. Ich versuche, den anderen so viel wie möglich von dem Nichts zu ersparen, das ich geworden bin.

Also ist unser Bett jetzt Friederikes Bett, und ich oder das, was aussieht wie ich, haust nachts im Wohnzimmer und zieht tags in das Schlafzimmer mit den zugezogenen Vorhängen um, legt sich in das Bett, das nachts Friederikes Bett ist und tags meine Grabkuhle. Einmal höre ich Theo nebenan sagen – Ich glaube, Papas psychische Krankheit ist, dass er Tag und Nacht verwechselt.

Fünf

Ich nehme zwei. Eine ist rosa, die andere weinrot. Zwei, das ist so viel, wie ich das letzte Mal genommen habe. Zwei, das ist die Menge, die macht, dass alles normal ist, außer dass man 225 Milligramm Irgendwas einnimmt, um sich zu ertragen. Aber dieses Mal hilft es nicht. Dieses Mal funktionieren sie nicht. Wie kann das sein? Wie schlimm muss es sein, wenn das nicht mehr funktioniert?

Sechs

Es ist Montag, und wir stehen im Tunnel. Ich wundere mich, dass ich nicht traurig oder verzweifelt bin, sondern erleichtert. Schon am Freitag war ein Platz frei, aber ich wollte mich noch von den Kindern verabschieden, noch ein paar Mal die Nase in Wolfs Haar vergraben, seinen Babygeruch einsaugen, der immer noch da ist, obwohl wir ihn nur noch ›großer Junge‹ nennen dürfen. Noch einmal Theo richtig durchkuscheln, ihm erklären, dass ich in ein Krankenhaus muss, damit ich wieder gesund werde. Dass ich versuche, so schnell wie möglich wieder gesund zu werden. Dass ich versuche, so schnell wie möglich wieder nach Hause zu kommen. Dass es aber ein wenig dauern kann. Nicht superlang. Aber ein paar Wochen schon. Dass ich mich immer freue, wenn er mich besucht. Dass er mich immer anrufen kann und dass ich, wenn ich es nicht schaffe, gleich ranzugehen, spätestens nach einer Stunde zurückrufe.

Ich versuche, das alles beiläufig zu sagen, damit Theo nicht weint. Theo weint nicht. Er sieht ernst aus. Viel zu ernst für einen Fünfjährigen. Aber er weint nicht. Er nickt. Ich weine. Immerhin, es gelingt mir, die Tränen nicht runterlaufen zu lassen.

Sieben

Als ich die Kapseln das erste Mal nehme, muss ich richtig lachen. Das ist ein Jahr und ein paar Monate nach Theos Geburt. Da ist manches noch ein ziemlicher Witz. Schon bedrohlich und scheiße, aber irgendwie auch ein interessantes Experiment. Ich glaube, dass es Sommer ist, ich bin mit dem Fahrrad unterwegs, vielleicht auch ein sehr warmer Frühlingstag. Oder Regen. Ich weiß es nicht mehr. Nein, kein Regen.

Vor Venlafaxin hat der Arzt Cipralex ausprobiert. Ich brauche ziemlich lang, um mich dazu durchzuringen, ihm zu sagen, was passiert ist.

– Als es angefangen hat zu wirken, waren die ersten Tage richtig gut, sage ich.

Dann nehme ich allen Mut zusammen.

– Aber dann ist etwas Komisches passiert. Irgendwie hatte ich plötzlich das Gefühl, die Wirkung nicht verdient zu haben. In meiner Erinnerung kneife ich die Augen zusammen und warte, bis der Arzt mich rauswirft, weil ich ein Simulant bin, weil ich ein Nichts bin und seine Zeit verschwende.

– Ja, sagt er stattdessen, das haben wir hier öfter. Dann versuchen wir es mit etwas anderem. Kennen Sie Venlafaxin?

Eine weitere mögliche Nebenwirkung sei Mundtrockenheit, sagt der Arzt noch, als er mir das Rezept gibt. Ja klar.

Ich komme aus der Apotheke, schlucke eine Pille und setze mich aufs Fahrrad. Und irgendwann während der Fahrt, als ich gar nicht mehr daran denke, fühlt es sich plötzlich an, als hätte ich in eine Packung Mehl gebissen. Von einem Moment auf den anderen. Mein Mund, die Wangen, der Gaumen, die Zunge, staubtrocken. Das Schlucken fällt schwer, weil hinten im Rachen irgendwas zusammenklebt.

Acht

In der Nacht bevor ich fahre, kommt Theo ins Wohnzimmer.

– Papa.

Er steht ein paar Schritte entfernt im Dunkel, ein schmaler Schatten, fünf Jahre alt, ein kleiner Mensch, niemand, der sich um seinen Vater sorgen sollte, jemand, der --- ------ ----- ----- --- ---------- bekommen sollte. Aber das kann ich nicht mehr, und ich hasse mich dafür, und ich weiß, dass dieser Hass nichts besser macht, nur alles schlimmer, aber auch dagegen kann ich nichts mehr machen. Ich sehe den Schatten und frage mich, ob er immer noch seinen Vater in mir sieht oder die Kreatur, die ich geworden bin. Dass ich mich nicht mehr um die wenigen kümmern kann, die ich liebe oder glaube zu lieben, weil ich nicht weiß, ob das, was ich da zustande bringe, noch Liebe ist. Theo, Wolf, Friederike sind die wenigen Menschen, für die ich überhaupt noch etwas fühle. Für alles andere bleiben nur ratlose Taubheit, irgendwann mal sinnerfüllte Gesten, kraftloses Theater.

– Na komm, schlüpf rein, mein lieber Bär, zwinge ich mich zu sagen, weil ich vermute, dass das jetzt das Richtige ist, und mache eine liebevolle Stimme nach.

Es ist März, es wird ein ungewöhnlich heißer Sommer werden, aber jetzt ist es noch kühl. Ich hebe die Bettdecke hoch, und Theo schlüpft zu mir. Er zögert kurz, als hätte er Angst, etwas falsch zu machen. Als würde er denken, da fehlt etwas, da ist nicht genug Vater. Dann drückt er sich an mich, so fest, dass ich Angst habe, dass er sich wehtut.

– Ist alles gut so, Hase?

– Ja.

Er nimmt meinen Arm und schlingt ihn um sich, drückt seinen Kopf fest an meine Brust, als wäre es schwer, meinen

Herzschlag zu hören, als müsste er sich vergewissern, dass da noch etwas ist. Seine Hände und Füße sind kalt. Ich habe Tränen in den Augen. Nicht, weil ich es so schön finde, so rührend, dass er kommt, um sich von mir zu verabschieden. Ich weine, weil ich weiß, dass ich jetzt etwas fühlen müsste. Aber da ist nur diese müde, zittrige Leere in mir. Ich weine, ja. Aber ich weine um mich, um den Benjamin, der in diesem Moment nicht das Richtige fühlt. Ich halte diesen Fünfjährigen in meinen Armen, der mich offenbar sehr liebt, und mir fällt nichts ein außer Selbstmitleid. Dieser kleine Junge hält mich mit all seiner Kraft, und ich frage mich, warum er das tut, ob das, was er mit seiner Liebe meint, wenn er mich so umarmt, noch da ist. Er drückt sich an mich, und in meinem Kopf bin nur ich. Aber das ist ja gar nichts. Es gibt ja gar kein Ich. Wo eins sein sollte, sind nur Fremdheit und Taubheit. Und ich wünschte, ich könnte jetzt behaupten, es wäre einfach, zu behaupten, viel leichter zu sagen, dass ich von mir angewidert bin. Aber ich bin nur leer.
Irgendwann lässt er mich los. Er lässt mich los und dreht sich um und schläft sofort ein.

Neun

------ -heod--, --- ---- ----- --- --- -----------, ---- -- --- ---- ------ --- -----, ---- -- --- ---- ---------- ---------- ---- --------. ---- -- --- ---- ------- --- ---------- -----, -- ---- -- ------ ----- ----- ----- -------. --- ------ -----. -- ---- ----- ------ -------, -- ------ --------, --- --- -- ------- -----. ---- -- -- ------ ----- -- --- -------- ---- --- ---- -- --- ---- -------- ----, --- ---- --- --------- -----------, --- --- ----, -------- --- -------- ---- --- --------------- -- ---- ---. Und ich liebe dich sehr. --- --, ---- --- ---- ----- --- --- ----- ---- -- --------- -- --- ---- ----- ----, ---- --, ---- -- -- --------- --------- ----- ----, ---- -- ------ --- -- -----.

Zehn

Wir sitzen im Auto und reden über irgendwas, ich habe vergessen, was. Es geht langsam voran. Manchmal sagt Hanna, dass es das Richtige ist, dass es nicht mehr anders geht, und manchmal sage ich, dass es das Richtige ist, dass es nicht mehr anders geht. Und ich weiß ja auch, dass es nicht mehr anders geht, nur richtig fühlt es sich nicht an. Wir reden irgendwas, und dann ist es manchmal kurz schön, und im Kofferraum ist der große, schwarze Rollkoffer, und manchmal sagen wir, dass es das Richtige ist, und ich denke, dass es das Falsche ist und dass es richtiger wäre, an den Straßenrand zu fahren und zu sterben. Einfach so, mit einem letzten, tiefen Ausatmen hinter dem Steuer zusammensinken und weg sein. Von einem gnädigen Zufall aus der Welt genommen.
Ich darf nicht denken. Das ist eigentlich der Trick für eine akzeptable Fahrt in die Psychiatrie. Wenn ich denke, merke ich nur, wie merkwürdig und fern ich mir geworden bin. Wie ich mir von weitem zuschaue und mich kaum noch erkenne. Und ich denke, dass es auch ein bisschen witzig, ein bisschen bekloppt und absurd ist, sich selbst in die Klinik zu fahren und dabei zu plaudern. Wie die überraschende erste Szene einer erbaulichen Psychiatriekomödie mit Til Schweiger, Florian David Fitz und Matthias Schweighöfer, in der am Ende alle gemeinsam aus der Anstalt abhauen und ans Meer fahren, um einen Sonnenaufgang zu sehen, bei dem der schwer Selbstmordgefährdete erkennt, dass das Leben eigentlich ja doch super lebenswert ist, und der sympathisch ausgeflippte Bipolare nimmt dann doch seine Pillen und heiratet die niedliche Krankenschwester beim Fallschirmspringen, und der irgendwie süße autistische Nerd mit den Panikattacken fährt dem konservativ-vernagelten Managerpapa mit seinem

super ungewöhnlichen Blick auf alles einen total guten Deal ein, weshalb Sohnemann das kleine, aber feine Familienunternehmen doch noch übernehmen darf, und ganz nebenbei zeigen die drei ihrem Umfeld, dass normal sein nämlich doch nicht das Maß aller Dinge ist.
Später sagt Friederike, dass sie auch im Auto gesessen hat.

Wir finden einen Parkplatz direkt vor der Klinik, ich wuchte den großen, schwarzen Rollkoffer aus dem Wagen.
– Soll ich noch mitkommen?, fragt Hanna.
– Nee, geht schon. Danke dir. Jetzt wird's sowieso erst mal langweilig.
Ich umarme Hanna, gebe ihr den Autoschlüssel, bedanke mich für ihre Hilfe, rollkoffere los. Müsste ich jetzt nicht was fühlen? Was müsste man denn jetzt fühlen? Trauer? Oder Angst? Weil nachher die Krankenkarte eingelesen wird und man dann offiziell in der Psychiatrie eingeloggt ist? Aber ich spüre gar nichts. Doch. Scham. Weil ich mit diesem riesigen, schwarzen Rollkoffer anrücke. Sollte man nicht in aller Eile, mit einer nachlässig vollgestopften Tasche und wochenlang nicht gewaschenen Kleidern, ungeduscht und tränenverklebt in die Klinik kommen? Sollte man sich nicht eigentlich um sein Leben einweisen?

Angry Birds Match, Level 11

Venedig

Ich sitze mit Johan in einer Bar in Venedig. Laute Musik, Black Sabbath.
Ich halte mich für irgendwie merkwürdig, aber gesund. Irgendwie merkwürdig, weil Politik und Geld und Beziehungen und Familie und Arbeit und Wünsche, weil eben sowieso alles merkwürdig ist. Gesund, weil, wenn alles merkwürdig ist, merkwürdig ja normal ist.
Ich trinke Bier in tiefen Zügen und rede mit einem Selbstverständnis davon, dass mein Leben ohne Sinn, ohne jeden Zusammenhang ist, dass es sich später anfühlt, als hätte ein Geist gesprochen. Ich sage
– Klar, Sinn, was soll's, das ist Luxus. Ganz schön, aber braucht man jetzt nicht unbedingt unbedingt.
Ich brauche das schon. Ich erinnere mich dort in der Bar in Venedig nur grad nicht mehr daran. Ich habe das da irgendwie total aus den Augen verloren. Ich bin da schon ein Erledigter, ein Zerbrochener. Ich habe es nur noch nicht gemerkt.

Als ich im Krankenhaus bin, finde ich ein Bild dafür. Bilder sind eine Zeit lang alles, was mich vor dem völligen Verschwinden bewahrt.
Dieses geht so, dass mein Leben nach und nach abgestorben ist, weil es nicht mehr von Gefühlen durchblutet wurde. Dass mein Kopf, dem es schwerer- und schwerergefallen ist, zu fühlen, die Emotionen unbemerkt immer härter rationiert hat, bis das Fühlen in großen Teilen meines Lebens vertrocknet und verschwunden ist. Aus der Arbeit, aus Freundschaften, aus allen Dingen, die mir mal etwas bedeutet haben. Irgendwann treffe ich niemanden mehr, irgendwann sagen mir Worte nichts mehr. Irgendwann ist all das verloren und ver-

storben, weggebrochen, weggeweht. Irgendwann sage ich mir selbst nichts mehr und mein Leben mir auch nicht.
Und dass einem so ein ganzes Leben überhaupt abhandenkommen kann, und hier geht das Bild weiter, liegt daran, dass Gefühle nicht nur meine Welt am Leben gehalten haben, sie waren auch der Klebstoff für meine Biografie, für alles, was ich mir über mein Leben erzählt habe.
Ohne Emotionen wird aus einem Leben, das sinnerfüllt erscheint, das eine Geschichte ist, Kinder haben, Arbeit haben, Interessen haben, Sachen wollen, lieben, Träume, ohne Gefühle wird das, was bei anderen ein Leben ergibt, zu einer unendlichen, unendlich sinnlosen Reihe von Sachen, die man macht oder machen muss, die man entscheidet oder entscheiden muss. Oder die einem einfach zustoßen. Erst das, dann das, dann das. Ohne Gefühle hat das alles nichts mehr mit dir zu tun, außer dass es dich anstrengt. Es ergibt keine Erzählung. Dein Leben wird zu einer Liste von Erledigungen, und der letzte Punkt ist der Tod. Und alles davor ist mehr oder weniger nervig, mehr oder weniger auslaugend, mehr oder weniger schmerzhaft. Alles davor ist irgendwie sinnlos und leer und unzusammenhängend und furchtbar anstrengend, fast nicht zu schaffen. Und jeder Traum ist ein Albtraum. Besonders die schönen.
Ich merke das nicht. Lange Zeit ist das alles angenehm, weil ich nichts entscheiden muss. Aber irgendwann geht das auch nicht mehr. Und am Ende ist nur die Familie übrig. Und die Familie treibt in einer trüben Suppe aus Gleichgültigkeit und Müdigkeit und Trauer und Selbstmitleid um irgendwas, das da, das man mal gewesen sein muss und das jetzt nicht mehr da ist.

In Venedig brauche ich noch keine Bilder. An diesem Abend reicht es, mich ein wenig zu betrinken und an Johans Seite in unser Airbnb mit Panoramafenster zum Kanal zu wanken und dort noch irgendeinen Film auf Netflix zu sehen, bei dem ich schnell einschlafe. Am nächsten Morgen bin ich wieder um vier oder halb fünf wach, schalte die Nachttischlampe an und lese. Ich muss lesen. Ich weiß nicht, warum. Aber ich weiß, ich muss lesen. Das ist die Regel. Solange ich lese, bin ich okay.

Dreizehn

Ich kenne das Gelände, ich kenne das Gebäude, die Station, den Arzt. Vor vier Jahren war ich schon mal hier. Ich fühle mich wie ein Pauschalurlauber, der zu seiner All-inclusive-Bettenburg vom letzten Sommer zurückrollkoffert.
Ich rollkoffere über den Platz, drücke eine Taste, und die Tür öffnet sich.

Vierzehn

Beim ersten Mal bin ich ins Krankenhaus gegangen, weil ich mich Friederike und Theo nicht mehr antun wollte, weil ich nicht wollte, dass sie mich so sehen, weil ich nicht wollte, dass sie verstehen, was da mit mir passiert. Weil ich Angst hatte, dass Verstehen die Krankheit überträgt.

Als ich wieder gesund bin, will ich Friederike erklären, wie Depressionen sind. Aber Depressionen sind geschickt. Ist man gesund, kann man sich nicht mehr daran erinnern, wie es war, krank zu sein. Und ist man krank, kann man sich nicht vorstellen, je wieder gesund zu werden.

Fünfzehn

Depressionen sind schlau, sie machen es sich in deinem Kopf bequem und tun so lange so, als wären sie ein Teil von dir, bis du es glaubst, und dann sind sie es.

– Ganz schön heiß heute. Ich hätte Lust auf ein Eis.
– Ein Eis also? Ja genau. Lässt deine Familie im Stich, machst es dir mit einem leckeren Eis gemütlich, versteckst dich im Krankenhaus vor deinem Leben, vor deiner Verantwortung als Vater, vor deiner Verantwortung Friederike und deinen Kollegen gegenüber und feierst deine Wehwehchen mit einem leckeren Eis. Einer wie du sollte gar nicht hier sein dürfen, und wenn du schon mal darüber nachgedacht hättest, dich hier ein bisschen anzustrengen, dann wärst du längst nicht mehr hier. Aber was sollte ein Waschlappen wie du da draußen schon machen. Bleib halt hier, verkriech dich weiter mit deiner peinlichen, kleinen Traurigkeit und bemitleide dich selbst. Typen wie du bringen mich zum Kotzen.

Sechzehn

Beim ersten Mal ist das Ankommen, wie durch eine muffige Jahrmarktgeisterbahn zu irren. Ein paar unecht aussehende Puppen, Schwarzlicht, ein Labyrinth und Spiegeltricks.
Und gleichzeitig wummert mein Herz, meine Muskeln sind angespannt und alle Sinne hellwach, weil ich weiß, dass an irgendeiner Ecke der schlimme Moment wartet, dass irgendwo der mies bezahlte Typ im Zombiekostüm steht, der mich plötzlich packt, und ich kreische, und mein Herz dreht durch, und das ist sein wahrer Lohn, meine albern panischen Schreie, die albern panischen Schreie dieses unbedrohten Idioten in einer Rummelattraktion.
Und dann bin ich auf der anderen Seite, und er ist nicht gekommen.
Er sitzt nämlich auf seinem Sofa in einem völlig anderen Stadtteil, raucht und schaut die Zusammenfassung eines Fußballspiels, das ihn nicht interessiert. Aber das weiß ich damals nicht.
Dann bin ich raus und weiter, kann die Geisterbahn schon gar nicht mehr sehen.
Und er? Hat den Job vielleicht gar nicht angenommen. War ihm vielleicht zu albern oder Knieprobleme.
Und ich bin schon lange, Tage, nicht mehr auf dem Rummel und schaue immer noch suchend in die Menge. Ich gehe zur S-Bahn, und irgendwas ist da doch, irgendwas sitzt ein paar Vierer weiter und steigt an derselben Haltestelle aus. Und ich nehme einen anderen Weg nach Hause und weiß, dass es nichts bringt, dass er, wenn ich die Haustür öffne, schon auf meinem Sofa sitzt und Fußball guckt.

Siebzehn

Ja, Quatsch. Wahrscheinlich hat er nicht mal was von dem Job gehört. Wahrscheinlich war er morgens zu spät dran, um die Tageszeitung seines Nachbarn mitgehen zu lassen, und hat die Stellenanzeige gar nicht gesehen.
Und ich warte auf ihn, den schlimmen Moment. Und alles ist Geisterbahn.

Achtzehn

Ich habe Angst vor den anderen, den anderen Kranken mit ihren ausdruckslosen Gesichtern und traurigen Augen. Und ich weiß, dass das bedeutet, dass ich Angst vor mir selbst habe, vor meinem ausdruckslosen Gesicht und meinen traurigen Augen. Wo ist der Benjamin, der immer ziemlich gut funktioniert hat, der abgeliefert und das Richtige getan hat und der wusste, was das Richtige ist, oder wenigstens ausreichend davon überzeugt war und das jetzt einfach nicht mehr ist? Gar nicht mehr. Kein bisschen. Ja, der ist hier. Und der andere? Keine Ahnung. Da müssen Sie jemand anderen fragen. Den kenne ich nicht, kommt mir nicht bekannt vor.
Jedes Geräusch lässt mich aufhorchen, jede Person erschreckt mich. Die Bilder an der Wand, gegenüber den Stühlen vor dem Arztzimmer hängen so schief. Soll das eine Provokation sein? Ein Test? Kann ich durchfallen? Bin ich jetzt gerade dabei, durchzufallen? Ich schaue weg, den sonnengelb gestrichenen Gang hinunter. Müsste ich sie gerade hinhängen? Oder noch eine Spur schiefer? Dass sie sehen, dass ich es wahrgenommen, aber kein Problem damit habe?
Hier gibt es keine Besucher und keine harmlosen Patienten, die sind alle gefährliche Psychopathen. Es gibt auch keine Ärzte und Pfleger, nur weiß gekleidete Männer und Frauen, Wärterinnen und Wärter, die mich unter Drogen setzen und in irgendeinem Keller festschnallen und vergessen wollen.
Wenn du jetzt hierbleibst, denke ich beim ersten Mal, bist du für immer auf der anderen Seite.

Happy End

Das stimmt natürlich nicht. Ein paar Monate später geht es mir wieder gut. Ich bin wieder draußen, noch ein paar Monate später arbeite ich wieder, bin wieder für die Familie da, treffe wieder Freunde.

Zwanzig

Die automatischen Türen der Stationen sind drahtdurchflochten. Da bin ich wieder. Dieses Mal bin ich ruhig. Ruhig, ruhig, ruhig. So ruhig, dass ich mir selbst unheimlich bin. Dieses Mal ist es sogar ein bisschen interessant. Wie ein Bungeesprunggutschein zum Geburtstag. Oder ein Schulpraktikum im Schlachthaus. Ich betrachte die Eingangshalle, die Aufzüge, die mit dem Boden verschraubten Bänke. Alles alte Bekannte. Die anderen Patienten, die Gänge und Räume, die Pflege, die Ärzte und Arztzimmer, das alles macht mir keine Angst mehr. Ich habe aufgehört, auf den Zombie zu warten. Ich bin entspannt in der Geisterbahn, weil ich weiß, dass ich der Zombie bin. Dieses Mal war ich beim Vorstellungsgespräch der Erste. Richtig reingehängt habe ich mich, ich habe gebrüllt, geschrien und geheult. Danach Händeschütteln. Schienen alle begeistert zu sein. Als ich aus der Tür trete, sehe ich keine anderen Bewerber.

Bei den Personalaufzügen, in der Kulisse aus fahlbeigem Steinboden und blassgelber Wand, stehen zwei Wäschewagen vor dem Bild einer ausgelassen lachenden Frau. In der Hand hält sie eine absurd große Traube bunter Ballons. Stephen-King-Bild.

– Hallo Benjamin, wir alle fliegen hier unten.

Ich mache ein Foto, schicke es Stefan.

›Bis ich diesen Humor draufhabe, ist es noch ein weiter Weg. Alles Liebe und Gute dir, und melde dich, wenn du mich sehen magst!‹, schreibt er.

Und dann habe ich ein Zimmer.

Einundzwanzig

In den letzten Tagen vor der Klinik stehe ich nur noch für die Jungs auf. Oder um Friederike zu helfen. Ich weiß nicht, ob Liebe der Antrieb ist oder die Angst davor, dass sie merken, dass ihr Leben ohne diesen Haufen Körper im abgedunkelten Schlafzimmer leichter wäre. Ich glaube, die Liebe zu Friederike und den Kindern ist mein letztes gutes Gefühl. Vielleicht erinnert sich aber auch nur irgendetwas in mir daran, dass ich meine Familie immer sehr geliebt habe, und irgendein Überlebensmodus ruft den Schatten dieses Gefühls auf. Vielleicht ist das gar keine Liebe, sondern ein Selbsterhaltungsprogramm. Eine hingelogene Liebe, die meine Familie in Schach halten soll, damit sie mich noch ein bisschen mitschleift. Eine peinliche Lüge, die von Tag zu Tag offensichtlicher wird, die mir immer nachlässiger vorspielt, dass es noch Grund gibt, da zu sein. Tut mir leid, das Meerschweinchen hat mein Leben gefressen, ich mach es zu morgen nach, echt.
Lange Zeit habe ich gedacht, solange ich Friederike und die Kinder liebe, ist doch alles in Ordnung. Und während ich das denke, vertrocknet und verdorrt alles um diesen hellen Fleck und bricht Brocken für Brocken ins Bodenlose.

– Wann hast du dich eigentlich das letzte Mal mit jemandem getroffen?, fragt Friederike, als ich noch aufstehe.
Ich weiß es nicht. Ist mir auch egal. Ich will niemanden treffen, ich kann niemanden treffen. Allein die Vorstellung, von anderen angesehen zu werden, lässt Panik in mir aufsteigen. Unmöglich, dass die nicht sehen, was ich bin. Unmöglich, dass die nicht erkennen, wie wenig und falsch, wie widerlich ich bin.

Zweiundzwanzig

Auf der Arbeit ziehe ich mich mehr und mehr zurück. Ich esse allein zu Mittag und rede mir ein, dass ich lieber ein Buch lese, als mich zu unterhalten. Dann kommt der Tag, an dem mir klar wird, dass ich mich den anderen nicht antun möchte. Ein beiläufiger Gedanke im Fahrstuhl. Das plötzliche Wissen, dass da nicht genug Ich ist, um nicht kümmerlich zu sein. Das ist der Moment, in dem ich Angst bekomme. Vor mir, vor dem Gebäude, davor, Kollegen auf den Gängen zu treffen. Aber vor allem vor mir selbst. Ich fühle mich so durch und durch verschwunden, und ich bin mir sicher, dass bald auch alle anderen merken, dass ich hier nicht hergehöre. Zugleich ist mir natürlich klar, dass sie das nicht tun werden. Ich weiß das, auch wenn ich es nicht fühlen kann. Und ich schäme mich dafür, dass ich mich so wichtig nehme. Dass ich die anderen weiter glauben lasse, dass ich zu ihnen gehöre. Dass ich nicht zu meinem Chef gehe und sage, dass ich meine Arbeit nicht mehr kann, wahrscheinlich nie konnte. Dass ich mich so wichtig nehme, dass ich denke, ich dürfte meinen Chef mit meinem Gejammer nerven.
Ich bin froh, dass ich die meiste Zeit allein im Büro sitze. Ich schließe die Tür und starre auf den Bildschirm. Die Sätze, die ich schreibe, halten immer weniger zusammen. Sie fühlen sich nicht mehr nach Texten an. Nur nach Reihen von Worten, die so tun, als wären sie etwas.

Einmal schreibe und schiebe und grüble ich drei Tage lang an einem Absatz von wenigen Zeilen. Manchmal bemitleide ich mich dabei selbst, manchmal sitze ich fassungslos davor, manchmal in sprachloser Angst, in vollkommener Panik, erstarrt zu einer Pose professioneller Konzentration, während in mir aller Sinn auseinanderbricht. Und irgendetwas in mir gelingt es immer noch, das für irgendwie normal zu halten. Jeder sitzt mal vor einem schwierigen Text.

Ich habe aufgehört, meiner Sprache zu vertrauen. Meine Sprache hat aufgehört, Sinn zu enthalten, Sinn überhaupt fassen zu können. Meine Worte sind einander fremde Brocken, die nie wieder zu einem Sinn zusammenfinden werden. Zumindest nicht in mir.

Dreiundzwanzig

Als ich die Ärztin besuche, sprechen wir kurz. Dann fängt es irgendwo in mir an zu weinen, und ich kann nicht mehr aufhören. Sie reicht Taschentücher und sagt irgendwann, es wäre besser, wenn ich ins Krankenhaus gehe. Der Satz trifft mich nicht unvorbereitet, trotzdem ist es komisch, ihn zu hören. Er ist Urteil und Erlösung zugleich. Ich bin erleichtert und erschrocken zugleich.
Ich bin krank, denke ich und bin beruhigt, weil jemand mich von dem Leben erlöst, das aus meinem Leben geworden ist. Weil jemand sagt, das ist nicht normal, es gibt da ein Leben, das du nur vergessen hast.
Ich bin wieder krank, denke ich, und ich frage mich, ob Friederike sauer sein wird, weil ich ihr diese ganze Scheiße noch einmal antue.

Vierundzwanzig

Mit dem Blick auf die blassgelben Klinikwände ist offensichtlich, dass ich total im Arsch bin. Warum hat es trotzdem so lang gedauert, zu erkennen, dass ich Hilfe brauche? Ich war doch schon einmal krank, ich hatte das doch schon mal, ich hätte die Symptome doch erkennen müssen.

Ich schreibe eine SMS an Johan.

›Findest du eigentlich, dass ich in Venedig merkwürdig war?‹

›Nein, fand ich nicht. (Sorry für die späte Antwort – habe bis eben Musik gemacht.) Aber ich habe mittlerweile, glaube ich, verstanden, dass es sein kann, dass ich überhaupt nicht mitkriege, wie es dir wirklich geht. Ich vermute, du kannst das in dir teilweise so stark in Schach halten, dass nach außen alles mehr oder weniger entspannt scheint. Wusstest du, was mit dir los war?‹

›Nein, kein bisschen.‹

Fünfundzwanzig

Ich dämlicher Idiot. Ich hätte schon Monate vorher merken müssen, dass was nicht stimmt, dass ich nicht stimme. Als ich in der Elternzeit eine panische Angst vor den Kindern entwickle, als ich wochenlang in Schockstarre vor Romantrümmern sitze. Als ich beginne, mich zu fragen, warum genau ich noch mal am Leben bin.

Venedig

– Warum willst du allein nach Venedig, fahr doch mit einem Freund, sagt Friederike ein paar Tage vor der Reise und hat natürlich recht.
Also fahre ich mit Johan, und die Einfachheit aus Gehen, Schauen, Essen, Lesen hält mich aufrecht.

Als ich wieder zu Hause bin, stürze ich in mich zusammen. Das heißt, eigentlich ist da gar kein Ich mehr, nur noch Stürzen und nach dem Aufschlag eine erdrückende Kraftlosigkeit, die mich am Boden hält. Ich bin ein zittriger, leerer Körper. Ausgeschüttet, vergossen, mit einem Klatschen vergeudet.

Ich liege im Dunkeln, todmüde, kraftlos, starre ins Nichts. Ich versuche, mich auf Serien zu konzentrieren, die mich nicht mehr interessieren, ich versuche verzweifelt, die Tage zu verschlafen, irgendwie an mehr Müdigkeit zu kommen.

Siebenundzwanzig

Diese höllischen Tage. Es kommt ja immer einer nach dem anderen. Immer wieder ein neuer. Oft wache ich morgens auf und weiß nicht, wie ich den Tag überstehen, wie ich den Tag erledigen soll. Immer öfter wache ich auf und weiß, dass der Tag nicht zu erledigen ist und dass es erträglicher wäre, wenn einer von uns nicht mehr da ist.

Achtundzwanzig

Ich weiß noch, wie ich das erste Mal mit Friederike darüber gesprochen habe. Es war mir schrecklich peinlich, weil ich dachte, dass das total wichtigtuerisch und teenieserienhaft rüberkommen würde. Außerdem wollte ich ihr keine Angst machen. Ich wollte sie nicht unter Druck setzen, nicht sagen, schau mal, ich hab da total fundamentale Probleme und deine sind dagegen ja wohl eher so –

Zugleich dachte ich aber auch, wenn du es niemandem erzählst, wird es immer größer in dir und irgendwann hängst du am Kronleuchter und alle so, hö, wie konnte das nur passieren?

Diese neuen Gedanken breiten sich in meinem Kopf aus, legen sich auf immer mehr Dinge, hängen leblos und schwer an Ideen, Lieben und Plänen.

– Ich kann mich nicht konzentrieren.

– Vielleicht wäre es besser, wenn du gar nicht mehr da wärst.

– Ich habe Angst, mich heute allein um die Kinder zu kümmern.

– Dann kannst du auch ganz weg sein.

– Ich sehe diesen Film, alle im Kino lachen, und ich verstehe nicht, worüber.

– Stell dir vor, wie erleichternd es wäre, nicht mehr zu sein. Kein Körper, der schmerzt, keine Gedanken, die dich verwirren, niemand mehr, der etwas von dir will, das du eh nicht kannst.

Ich frage mich, ob es selbstsüchtig ist, Friederike damit zu belasten. Zugleich hoffe ich, dass ich, wenn ich Friederike davon erzähle, vielleicht einen Witz darüber mache. Oder sie. Und dann lachen wir beide. Und plötzlich sind die Gedanken auch nur ein Witz. Wenn ich sie von der riesigen Bühne in meinem Kopf ins Tageslicht schubse, sind sie vielleicht plötzlich klein und lächerlich. Ein Rudel Gedankenwelpen, das sich fröstelnd aneinanderdrängt. Eine Truppe, die noch nie das Tageslicht gesehen hat. Vielleicht würden Friederike und ich lachen, und dann wäre alles wieder gut.

Als ich ihr davon erzähle, ist sie ganz ruhig.

– Okay, sagt sie. Kann ich was für dich tun? Kann ich dir irgendwie helfen?

Ich frage, ob alles okay ist.

– Klar.

Neunundzwanzig

Einmal komme ich abends etwas später nach Hause. Das Zimmer ist dunkel. Friederike liegt still im Bett, aber ich spüre, dass sie wach ist.

– Ist alles gut?

– Ich hatte Angst, dass du dich umgebracht hast.

Ich höre ihrer Stimme an, dass sie gerade noch geweint hat.

– Fuck, das tut mir leid.

– Ich musste mir das die ganze Zeit vorstellen.

– Tut mir leid. Warum hast du nicht einfach angerufen?

– Ich wollte nicht nerven.

Angry Birds Match, Level 14

Einunddreißig

Was soll jetzt werden, wo ich kein Autor mehr sein kann, kein Autor mehr bin? Was soll jetzt werden, wo ich schon so lange jeden Tag hierherkomme und so tue, als wäre ich ein Redakteur, obwohl ich das längst nicht mehr bin? Wo ich jeden Tag herkomme und alle täusche und zu einer einzigen Lüge werde? Ich gehe durch das große Verlagsgebäude und denke, hier gehörst du nicht mehr hin und bald werden sie dich kriegen und was dann? Dann kommen die breitschultrigen Männer, die ich hier noch nie gesehen habe, und treiben mich an, meine Sachen schneller zusammenzupacken, und führen mich aus dem Gebäude. Wir gehen an den Schreibtischen der anderen vorbei, und die breitschultrigen Männer zwinkern meinen Kollegen zu. Und die Kollegen schauen, schütteln die Köpfe und schenken sich selbst ein Lächeln, weil sie gewusst haben, dass es nur eine Frage der Zeit ist. Jetzt haben sie ihn, den Möchtegernredakteur.

Ich werde immer panischer. Bald bin ich nicht mehr panisch, weil etwas passiert ist, sondern einfach, weil es mich gibt. Weil ich der Beweis bin, der sie auf meine Spur führen wird. Und weil Panik weder auf der Arbeit noch zu Hause bei den Kindern eine Option ist, reiße ich mich zusammen. Und zusammen und zusammen. So zusammen, dass es sich anfühlt wie zerreißen. Mein Körper verkrampft, mein Denken härtet aus. Jedes Lächeln, jedes Wort, jeder Blick, alles wird anstrengend. Und irgendwann verstehe ich, warum ich nicht mehr mit den anderen essen gehe. Weil ich nicht witzig bin, nicht interessant, nicht klug, nicht mal schlau, nichts wert. Ich will den niemandem antun, diesen Idioten, diesen miesen Journalistenschauspieler. Diesen Typen, der ich schon immer war, den ich bisher nur einigermaßen vor den anderen und vor mir selbst verbergen konnte und der jetzt endlich bald enttarnt ist.

Zäsurwunsch

– Wie geht es Ihnen, Herr Maack?
Die Zimmer sehen aus wie vor vier Jahren, nur die Pfleger sind älter geworden. Der Arzt auch. Wir sitzen auf den Stühlen in meinem Krankenzimmer und reden. Ich versuche, mich klar und deutlich auszudrücken, mein Problem zu schildern. Ich bewerbe mich um einen Job als Kranker, obwohl ich weiß, dass ich ihn nicht verdient habe. Ich möchte hilfreich sein, ein guter Patient, und finde trotzdem die wenigen richtigen Worte nicht, und all die falschen Worte fangen an, sich in meinem Kopf immer wichtiger zu machen und die letzten richtigen, die ich noch habe, anzurempeln und wegzuschubsen, und ich würde gern hilfreich sein, aber stattdessen schaue ich auf den Boden, stattdessen spüre ich das Chaos in mir, lächle schief und sage
– Es geht mir nicht so gut, keine Ahnung.
Ich würde viel besser wirken als beim letzten Mal, sagt der Arzt, und ich nicke dankbar. Und etwas in mir denkt, gut, ich bin ein guter Kranker. Schon besser als letztes Mal. Und dann denke ich, so schlimm war es das letzte Mal?
Er fragt, ob ich Stimmen höre.
– Hören Sie Stimmen?, und ich überlege kurz, einen Witz zu machen, und merke dann, wie glücklich ich bin, Nein sagen zu können. Ich? Stimmen? Das nun wirklich nicht. Das sage ich nicht, aber ich bin sehr erleichtert. In meinem Kopf geht es immer so, ich höre keine Stimmen, ich höre keine Stimmen, immerhin höre ich keine Stimmen. Später frage ich mich, ob sie das nur fragen, damit man sich ein bisschen gut, ein bisschen gesund fühlt. Noch später lerne ich jemanden kennen, der Stimmen hört.

Bewerbungsgespräch. Ich habe Angst, einen Fehler zu machen. Oder nicht genug Fehler. Ich habe Angst, meinen Job als Kranker schlecht zu machen, meinen Job als Kranker zu verlieren, bevor ich hier richtig angefangen habe. Nee, Herr Maack, so einen wie Sie können wir hier nicht brauchen.
Ich sage noch, dass ich seit ein paar Monaten manchmal wünschte, dass alles aufhört. Ich schäme mich dafür. Also sage ich auch noch, dass das keine richtigen Selbstmordgedanken sind, also keine richtigen richtigen. Manchmal würde ich einfach denken, dass ich nicht mehr kann und dass es vielleicht besser wäre, nicht mehr da zu sein.
– Zäsurwunsch, sagt der Arzt, und ich finde das ein sehr hübsches Wort.
Zäsurwunsch.
Nach einer Viertelstunde geht er, das erste Gespräch ist vorbei. Und ich weiß, dass er viel zu tun hat, etliche Termine, Aufnahmen, Entlassungsschreiben, Gespräche. Ich weiß aber auch, dass diese Erstuntersuchungen eigentlich eine halbe Stunde dauern, und frage mich, was ich falsch gemacht habe. Ich frage mich, ob er mich nicht mag. Oder nicht genug. Zäsurwunsch.

Dreiunddreißig

Ich liege auf dem Bett und bin still, und es fühlt sich an, als würde ich schreien. Manchmal schließen sich meine Lippen, manchmal spüre ich, wie sie ein O formen. Da ist ein Druck hinter der Stirn und Leere hinter den Augen, die sich immer wieder mit sinnlosen Tränen füllen. Nackenmuskeln schwer und hart wie Stein, Verkrampfungen, die als Kopfschmerzen von hinten um meinen Schädel greifen, vom Hinterkopf hoch über die linke Seite bis zur Stirn und hinter das Auge.
Als Kind habe ich mich davor gefürchtet, dass blutrünstige Psychopathen mir im Keller auflauern könnten, heute fürchte ich mich vor Kopfschmerzen, gegen die keine Tabletten mehr helfen.
Ich habe mir schon alle Bedarfsmedikamente geholt, die die Ärztin mir aufgeschrieben hat. Mehr gibt es nicht. Nicht ganz leicht, in der Psychiatrie an Paracetamol zu kommen.
Die Arme und Beine fühlen sich an wie pergamentdünne Hüllen, trocken, knistrig, kurz davor zu zerfallen.
So liege ich da und denke, wird schon wieder.
Wird schon wieder, wird schon wieder, wird schon wieder.
Ich liege da und starre an die Decke. Die Dämmplatten haben ein kompliziertes Muster, das sich aber trotzdem auf jedem Quadrat wiederholt, ein Muster aus Löchern. Zu Hause haben wir Raufaser, da habe ich ins Nichts geschaut, habe meinen Blick unscharf werden lassen oder mir die Decke über den Kopf gezogen. Oder mein Gesicht fest ins Kissen gedrückt, bis ich keine Luft mehr hatte. Hier liege ich und denke, wird schon wieder, und zähle die Löcher über meinem Bett.

Vierunddreißig

Mein erster Zimmernachbar ist ein freundlicher afghanischer Herr, der früher Kickboxen gemacht hat und mich oft fragt, ob alles okay ist. Seine Frau bringt ihm selbstgemachtes Essen mit, seine Kinder Lahmacun vom Dönerladen bei der U-Bahn. In zwanzig Jahren Nachtdienst hat er seine Freude am Leben verloren.

In den nächsten Wochen kommen und gehen die Zimmernachbarn, ich bleibe. Am Ende hatte ich sechs.
Den freundlichen Nachtwächter.
Den, der den ganzen Tag spazieren geht und mir manchmal seine Gedichte zeigt.
Den, der so nach Aftershave riecht, dass meine Kopfschmerzen nicht mehr aufhören und ich das Zimmer wechseln muss.
Zu dem Baggerfahrer, der zu lieb ist für die Welt, in der er lebt.
Den, der so genau weiß, wie die Welt funktioniert, dass er nach ein paar Tagen zu den Persönlichkeitsstörungen verlegt wird.
Den, dessen Freundin sich in der Zeit, in der wir das Zimmer teilen, dreimal von ihm trennt, weil In-der-Psychiatrie-Sein für Schwächlinge ist, weil Elektrokrampftherapie einen zum Krüppel macht, weil er nicht zu dem Wunderheiler in Osaka reist, über den sie mal eine Fernsehsendung gesehen hat. Abends liest er manchmal seine romantischen SMS vor, einmal soll ich ein Märchen lesen, das er für sie geschrieben hat.

Auf der Station sind Erblindete, Verlassene, Verirrte, Verlorene. Nur mir geht es gut.
Dir geht's wohl zu gut, hat meine Mutter manchmal zu mir gesagt, wenn ich als Kind Quatsch gemacht habe.

Spielsucht, verstorbene Verwandte, Drogen, Geldprobleme, Arbeitslosigkeit, chronische Schmerzen, traumatische Kindheiten, Einsamkeit. Ich habe keine Gründe, nur Wehwehchen. Ich dürfte gar nicht hier sein. Eigentlich ist es noch bescheuerter. Ich müsste gar nicht hier sein, ich könnte zu Hause sein und mein glückliches Leben leben, wenn ich nicht so ein Idiot wäre.

Ich wünschte, ich hätte ein richtiges Problem. Aber irgendwie habe ich ein falsches.

Fünfunddreißig

Immerhin hörst du keine Stimmen.
Das ist eine der ersten Fragen, die sie –
Du hörst nicht mal Stimmen.

Sechsunddreißig

Theo hat oft Angst, wenn bei Gutenachtgeschichten etwas Schlimmes passiert. Ich sage dann immer, am Ende wird alles gut, das verspreche ich dir. Am Ende wird ja immer alles gut. Hat nur einmal nicht gestimmt bisher.

Disclaimer

Hier wird am Ende übrigens nicht alles gut. Das hier ist ja nicht mal eine Geschichte. Wenn Sie Geschichten mögen, legen Sie das Buch lieber weg. Ich nehme Ihnen das nicht übel. Legen Sie es weg, und schreiben Sie eine wütende Amazon-Kritik, retten Sie die Welt vor diesem Machwerk.
Ach ja. Wenn Sie Tipps und Tricks für den Umgang mit Depressionen suchen, legen Sie dieses Buch auch weg. Und melden Sie sich, wenn Sie etwas gefunden haben, das wirkt.

Achtunddreißig

Immerhin hörst du keine Stimmen.
Das ist –
Du hörst nicht mal Stimmen.

Facebook

Ein paar Tage nachdem ich in der Klinik ankomme, poste ich ein Video von einem Huhn. Es sitzt in einem Kasten mit Stroh. Eine Hand rückt es vorsichtig zur Seite. Darunter quieken flauschige Katzenbabys.
Ich schreibe
›Wo kann ich mich zum Tierbaby umoperieren lassen?‹
15 Reaktionen

Vierzig

Ich habe ständig Angst. Die Angst saugt alle Kraft aus meinem Körper. Ich weiß nicht, wovor. Und ich glaube, es ist grad besser, das nicht zu wissen. Die Angst lässt mich die meiste Zeit angezogen auf dem Bett liegen und ein Buch nach dem anderen lesen.

Nein, das mit den Büchern ist doch nicht die Angst. Das bin ich. Wer Bücher liest, schafft noch was. Wer Bücher liest, ist noch nicht ganz unnütz. Wer Bücher liest, muss keine eigene Geschichte haben. Wer Bücher liest, muss keine Geschichte haben, die davon handelt, sich nicht um seine Familie kümmern zu können, sich nicht um sich selbst kümmern zu können, davon, trotz allem nicht krank genug zu sein. Oder falsch krank. Oder die Krankheit hat schon längst gewonnen, und wir sind untrennbar miteinander verschmolzen. So sehr, dass die Krankheit keine Krankheit mehr ist, sondern ein Teil von mir oder ich ein Teil von ihr. Ich bin jetzt Krankheit.
Ein bisschen davon, was mich hierher gebracht hat, ist in allem von mir, in jeder Zelle, in jedem Gedanken. Und wenn man mich gesund macht, wenn man die Krankheit aus mir herausgeholt hat, gibt es mich auch nicht mehr.

Dass man ist, wie man ist, ist ja bei allen so. Warum sollte ausgerechnet ich die Leute im Krankenhaus mit meinem Quatsch vollheulen? Einiges hat ja noch ganz gut funktioniert. Oder wie war das? Eigentlich habe ich doch ganz gut funktioniert. Oder wie war das noch? Eigentlich könnte ich doch wieder gehen. Nur nicht zurück nach Hause. Das ginge nicht. Nicht zurück zu Friederike und den Kindern, nur nicht zurück zur Arbeit, nicht zurück in unser Haus, nicht zurück zu meinen Freunden. Das nicht. Aber raus doch schon irgendwie. Oder wie war das? Gut. Wenn ich gehe, würde ich mitkommen. Das lässt sich nicht verhindern. Aber daran würde ich mich gewöhnen müssen. Ich müsste nur packen. Und dann könnte ich hier rausgehen und irgendwo funktionieren. Irgendwie. Bevor sie mich hier rauswerfen. Oder entlassen. Aus meinem Lesebett im Krankenhaus. Die Pfleger gucken schon so. Haben die Pfleger nicht so komisch geguckt, als heute Morgen die Medikamente verteilt wurden? Und dann wäre ich da draußen im Nirgendwo. In irgendeiner selbstgemachten Kälte.

Facebook

An meinem Geburtstag erfahre ich, dass sich Die Shitlers aufgelöst haben. Eine deutsche Punkband, die ich erst vor einigen Monaten entdeckt habe und sehr mag.
Ich schreibe
›Die Shitlers haben sich aufgelöst. Ein weiser Mann, dessen Namen ich vergessen habe, hat mal auf Facebook kommentiert, dass die Shitlers so gut sind, weil sie gleichzeitig total geil und total scheiße sind. Ich bin in Trauer. Passt bloß auf, dass ich nicht anfange, einen von euch zu lieben. Nicht, dass ihr euch auch auflöst.‹
6 Reaktionen

Zweiundvierzig

Ein paar Tage nachdem ich auf der Station angekommen bin, habe ich Geburtstag. Ich stehe auf und bin vierzig. Ich sage nichts. Ich lasse mir den Geburtstag nicht anmerken. Mit vierzig in der Psychiatrie zu sein, sieht kein bisschen anders aus und fühlt sich kein bisschen anders an, als mit neununddreißig in der Psychiatrie zu sein. Ein paar Freunde rufen an, um zu gratulieren, oder schicken SMS.
›Herzlichen Glückwunsch! Na, was machst du gerade?‹

Ich habe schon mal einen Geburtstag im Krankenhaus verbracht. Da bin ich fünf und werde sechs, und es passiert etwas mit mir, dass sie Den-Gaumen-Ausschaben nennen. Eine lange Operation, nach der ich mit einer Klammer im Mund aufwache, die meinen Gaumen abdeckt, Drähte halten sie an ihrem Platz, drücken in mein Zahnfleisch. Der Speichel, der unter den Rändern hervorkommt, schmeckt in den ersten Tagen metallisch, dann immer süßlicher und hat eine Konsistenz wie Rotz. Am Anfang bin ich erschrocken. Dann mag ich es irgendwie. Dass mein Körper plötzlich diese fremdartige Flüssigkeit herstellt. Ich bin erstaunt, dass er das kann, und weiß noch immer, wie ich den Unterdruck erzeugt habe, damit der Geschmack ohne allzu viele Schmerzen unter der Klammer hervorkommt.
Der Gaumen wurde mit vierzig Stichen genäht. Vierzig, das verstehe ich auch als Kind. Dass vierzig wenig für die Geschwindigkeit eines Raumschiffs ist, aber viel für Stiche in deinem Mund.
Sechs Wochen muss ich im Krankenhaus bleiben, drei davon darf ich nicht sprechen, und schreiben kann ich noch nicht. Meine Mutter ist die ganze Zeit bei mir und kümmert

sich und stellt Fragen, und ich nicke oder schüttle den Kopf. Nachts werden mir Schienen angelegt, die meine Arme neben meinem Körper fixieren. Es ist sehr einsam in diesem stummen, fixierten Körper.
An meinem Geburtstag bekomme ich ein E.T.-Puzzle, ein E.T.-Kuscheltier aus kaltem Lederimitat, den Schneegleiter der Rebellenallianz aus Das Imperium schlägt zurück und Wicket, den kleinen Ewok vom Planeten Endor. Ich halte Wicket in der Hand, manchmal nehme ich ihm seine Plastikkapuze vom Kopf und halte ihn so fest, dass sich seine kleinen Ohren in meine Haut drücken, ich mache eine Faust und spüre, wie die Schmerzen deutlicher werden. Ein paar Jahre später verkaufe ich alles für ein paar Mark auf dem Bahnhofsflohmarkt.
Im Nebenzimmer liegt der Junge, dem eine Spraydose vor dem Gesicht explodiert ist. Ich glaube, dass meine Mutter mir verbietet, nach nebenan zu gehen. Ich weiß, dass ich ihn trotzdem einmal besuche, und ich weiß, dass sein Gesicht komplett verbunden ist. Oder war es ›verschwunden‹? Ich erinnere mich nicht. Aber ich weiß, dass, wenn ich an sein Gesicht denke, auch immer das Wort ›zerfetzt‹ da ist. Ich weiß, dass ich überhaupt nur von ihm erfahre, weil ich mich frage, was das für ein Wimmern ist. Ich weiß nicht, ob es den Jungen wirklich gegeben hat.
Am Ende nimmt die Ärztin mir die Klammer aus dem Mund. Sie rutscht von der Pinzette ab und verkantet sich in meinem Rachen. Ich liege ganz still, in ganz stiller Panik, atme durch die Nase, während Speichel in meinen Hals läuft und jeder Schluckreflex schmerzhafter ist als der davor. Still lasse ich die Tränen mein Gesicht hinablaufen, bis die Ärztin die Klammer herausbekommen hat.
Ich weiß nicht mehr, wann ich mich das erste Mal traue, diesen neuen, fremden, rohen Gaumen mit der Zungenspitze

zu berühren. Noch heute fühlt er sich knotig und eklig und falsch an.

In der Abendrunde gratulieren mir die Pfleger. Klar, das haben sie aus meiner Planette, der Mappe, in die sie Tag für Tag in lange Spalten schreiben, was nicht mit mir stimmt. Ich schaue verlegen auf den Boden. Die anderen sagen nichts. Gesunde hätten vielleicht alle gemeinsam ein Lied gesungen. Wie schön, dass du geboren bist, wir hätten dich sonst sehr vermisst. Ich fand Geburtstagslieder schon immer peinlich. Vielleicht sollte ich das dem Arzt sagen. Ach, Sie fanden Geburtstagslieder schon immer peinlich. Dann ist ja alles klar.
Nach dem Abendbrot schenkt mir ein Mitpatient, der am Ende doch nicht depressiv ist, sondern nur eine seltene Stoffwechselkrankheit hat, einen Topf mit gelben Zwiebelblumen.

Dreiundvierzig

Ich gehe in Morgenrunden und Abendrunden, zu Medikamentenausgaben und in Gruppen, nach denen mir Therapeuten Unterschriften in die kleinen Rechtecke meines Patientenausweises schnörkeln.
Ich mache das alles und warte darauf, dass sie mich erwischen. Irgendein Arzt wird kommen und mich kopfschüttelnd vor die Tür setzen. Wie hat der sich denn eingeschlichen? Der ist doch gesund wie der Mops im Haferstroh. Wie schaffen die Gesunden das nur immer wieder, sich in unsere schöne Psychiatrie zu lügen und zu betrügen?
Und dann kommen breitschultrige Männer, die ich hier noch nie gesehen habe, und schauen mir dabei zu, wie ich meine Sachen zusammenpacke, und führen mich aus der Station. Sie kommen am Raum der Pflege vorbei und rollen mit den Augen. Und die Pflege schaut durch die großen Fensterscheiben, kopfschüttelnd, mild lächelnd, nickt einander wissend zu. Noch so ein Möchtegerndepressiver.
Und ich stehe draußen auf dem Platz mit meinem Rollkoffer, und es regnet, und ich werde nass, und es wird langsam dunkel und dunkler und kalt, und niemand weiß was, und niemand holt mich ab, und niemand ist mehr da, keine Freunde, keine Familie, weil ich nur so getan habe, als wäre ich krank. Weil keiner Lust hat, sich von einem Simulanten das Leben versauen zu lassen. Und die Tabletten nehmen sie mir auch weg, und ich bin nass und heimatlos und allein im Dunkeln mit dem Menschen, den ich am meisten verachte.

Vierundvierzig

Immerhin keine Stimmen.

Fünfundvierzig

– Wie geht es Ihnen, Herr Maack?

Sechsundvierzig

Theo hat mir ein Bild gemalt. Ein tuscheschwarzes Rechteck. Aus der schwarzen Fläche hat er mit dürren Strichen eine Figur gekratzt. Ihr Kopf ist riesig, der Mund eine kurze, ausdruckslose Linie. Kein Leib, keine Arme, die Beine sind breite, gekritzelte Säulen, die Füße riesig. PAPA steht in windschiefen Großbuchstaben darüber.
Das Bild macht mich traurig. Es macht mich traurig, weil ich mich verstanden fühle. So verstanden, wie niemand, der in einer psychiatrischen Klinik auf der Depressionsstation in Kleidern auf dem Bett liegt, sich von einem Fünfjährigen verstanden fühlen will. Unter dem Schwarz, das die Figur ausfüllt, das die Gestalt umgibt, ist alles gelb. Die Linien, die meinen Strichmännchenkörper bilden, sind weggekratztes Schwarz, unter dem strahlendes Gelb zum Vorschein kommt. Ich weiß, dass Theo das nicht so meinte, dass Kinder so nicht malen. Dass Erwachsene Kinderbilder nicht verstehen können. Ich fühle mich trotzdem verstanden, viel zu gut verstanden. Und ich habe Angst, dass ich ihn anstecke, dass meine Gene ihn krank machen, dass das Bild schon ein Symptom ist.

Beim ersten Mal bin ich ins Krankenhaus gegangen, weil ich Friederike und Theo meinen kaputten Kopf nicht mehr antun wollte, weil ich nicht wollte, dass sie mich so sehen, weil ich nicht wollte, dass sie verstehen, was da mit mir passiert. Weil ich Angst hatte, dass Verstehen die Krankheit überträgt.

In der Klinik hängt Theos Bild neben meinem Bett. So ist es leichter, morgens aufzustehen. Es ist ein Bild, an dem ich mich festklammere, wenn ich der Welt zu kompliziert werde. Wenn ich mich selbst und auch nichts anderes mehr verstehe.

Dann denke ich, dass ich nur das Schwarz von meinem Gelb kratzen muss. Das ist Glückskekspoesie. Eigentlich nicht mal. Das weiß ich. Aber manchmal hilft es.
Und manchmal ist alle Hoffnung aufgebraucht, und ich breche mitten hindurch, stelle mir vor, wie ich verzweifelt am Schwarz kratze. Wie ich kratze und kratze. Wie lebendig Begrabene. Wie ich kratze, bis kein Gelb mehr da ist, kein Blatt, nichts mehr.

Siebenundvierzig

Die Bäume stehen dicht genug, dass es in ihrem Schatten ein bisschen kühler ist als auf dem restlichen Gelände. Die Sonne wirft helle Punkte auf den Weg. Eine Hummel fliegt dicht über dem Waldboden und wirbelt Sand, Nadeln und Laubreste mit ihren Flügeln auf. Was für eine ungeheure Kraft in dieser kompakten Bewegung steckt.

Ich sehe den Amseln zu, wie sie mit an Unechtheit grenzender Geschäftigkeit Interesse an allem Möglichen zeigen. Ich besuche die Styroporbienenstöcke, wo mir die Bienen zu Hunderten um den Kopf summen, und die Eichhörnchenfamilie, die direkt neben dem Café wohnt.

Das Gelände der Psychiatrie ist groß, aber nicht groß genug, um nach ein paar Tagen noch eine Überraschung zu erleben, das Verlassen des Areals ist streng verboten.

Ich gehe immer den gleichen Weg. Hummel-und-Amsel-Waldweg, die Balancierbaumstämme entlang, die Styroporbienenstöcke, das Spechtlochwäldchen, das kleine Denkmal für die im Dritten Reich ermordeten Psychiatrieinsassen, die Eichhörnchenwiese. Das alles beruhigt mich sehr.

Achtundvierzig

– Na, Herr Maack, wie geht es Ihnen heute?

Neunundvierzig

– Das ist Ludovico Einaudi, ein viel gerühmter Pianist. Sie kennen ihn vielleicht schon, ohne es zu wissen. Er hat auch die Musik zu *Ziemlich beste Freunde* gemacht.
Ich sitze in der Kreativwerkstatt, im tragbaren CD-Player läuft der Soundtrack von *Ziemlich beste Freunde.*
Ich versuche, Britney Spears abzupausen, damit ich sie sticken kann. Jeder Strich misslingt. Zu große Augen oder Meerschweinchenaugen, eine Michael-Jackson-Nase, Lippen, die aussehen wie zu drall aufgeblasene Folienballons. Was ich nicht total misslungen finde, sorgt dafür, dass ich denke, ich bin so widerlich selbstverliebt, dass ich den größten Dreck für okay halte.
Ich glaube, *Ziemlich beste Freunde* ist der Film, den ich am meisten hasse. Jetzt gerade ist er mir egal, aber ich weiß, dass ich *Ziemlich beste Freunde* von Herzen hasse. Dass *Ziemlich beste Freunde* für mich der Inbegriff des inhaltsleeren und kunstlosen Wohlfühlfilms für Menschen mit Theaterabos und Bücherregalen ist.
Jetzt mit dem Soundtrack fühlen Britney und ich uns an wie eine ein bisschen zu offensichtliche Inszenierung. Til Schweiger, Florian David Fitz und Matthias Schweighöfer sticken gefallene Popstars. Als wären in diesem Raum voller feuchtmatschiger Tonquader, Stofffetzen, Ausmalmandalamappen und Korbflechtutensilien keine Wahrheit und kein Ernst zu finden. Als wären wir hier nur gefangen, damit noch ein emotionaler Moment, noch eine liebenswerte Pointe passiert.

Fünfzig

Ich sitze vor dem Arzt und weine.
– Wer hat Sie überhaupt in die Emotionsgruppe gelassen? Sie haben doch noch gar keine Gefühle.

Facebook

Ich schreibe
›Ich habe vorgestern die halbe Nacht nicht geschlafen. Bis die Sonne aufging, habe ich mich unruhig im Bett hin- und hergewälzt. Dann bin ich am Morgen aufgewacht und hatte nur geträumt, dass ich die halbe Nacht nicht geschlafen habe.‹
8 Reaktionen

Zweiundfünfzig

Zwei Wochen später läuft in der Kreativwerkstatt Radio. Radiomusik, Radiowerbung, Radionachrichten, Radiomoderation. Ich bin total überfordert von so viel ungefilterter Welt.
– Entschuldigen Sie, frage ich, könnten Sie vielleicht den *Ziemlich beste Freunde*-Soundtrack anmachen?
– Sie meinen Ludovico Einaudi?

Dreiundfünfzig

Im Fernsehraum hängt ein Bild. Ein schaler Druck. Ich kenne den Künstler nicht. Der Rahmen ist schief, das Motiv ein Klischee. Ein Weg, der zu einer Villa führt. Der Weg ist sanft gewunden und gesäumt von hohen Bäumen, und ich frage mich, wer in Krankenhäusern eigentlich für die Auswahl der Gemäldedrucke zuständig ist.
Ich muss das Bild immer wieder angucken. Wenn ich am Tag hier lese oder abends mit den anderen *Alarm für Cobra 11* sehe. Das Licht eines Sonnenauf- oder -untergangs färbt alles mit seinem tiefdunklen, merkwürdig stechenden Orange. Die Sonnenstrahlen dümpeln fett und faul und irgendwie sinnlos auf allem, sättigen fahles Weiß zu zähem Gelb, lassen Grün zu warmen Brauntönen verkrusten. Die Wolken am Himmel, ein einziger Rotz, die Villa stöhnt unter der Farbe, Äste beugen sich, der Weg, ein zäher Fluss Sonnenschlamm, klebrig und warm, blubbert und schwappt. Und dieses alles umschmatzende, alles erstickende Zeug macht Himmel und Erde gleich. Bäume und Haus verloren und vertäut zugleich, unentschlossen zwischen oben und unten, unten und oben.

An einem Nachmittag sitze ich im Fernsehzimmer, lege das Buch zur Seite und bemerke das erste Mal, dass jemand das Bild kopfüber aufgehängt hat. Es fällt mir nur auf, weil ich oben links einen komischen Fleck bemerke, die unleserliche Signatur des Malers. Ich gehe zum Bild, drehe es um, setze mich wieder auf das schwarze Ledersofa. Ich schaue ein wenig, stehe auf und drehe es erneut um.

Vierundfünfzig

Okay. Stopp. Das war gelogen. Entschuldigen Sie bitte. Das ist gelogen. Ich habe das Bild selbst falschrum aufgehängt. Ich lüge so oft, es tut mir leid. Ich bin ein Lügner, ganz aus Lüge. Bitte entschuldigen Sie.

Dreiundfünfzig

An einem anderen Nachmittag schaue ich es lange an und freue mich darüber, dass es umgedreht da hängt. So, denke ich, ist es viel besser. Das viel bessere Kunstwerk. Und es dauert ewig, bis ich erkenne, dass jemand es wieder richtigherum hingehängt hat.

Angry Birds Match, Level 98

Fünfundfünfzig

Jedes gute Bild ist eine Lüge.
Jeder gute Satz ist ein Versteck.
Bitte entschuldigen Sie.

Hier könnte ein Bild sein.

Hier könnte ein ---- sein.
Hier kömmte --- Bild sein.
Hier ------ ein Bild sein.
---- könnte win Bild sein.
Hier ------ --- ---- ----.

Hier --- ----- ---- ----- ----. --- --- ---- ----- ----.

Bild Bild Bild
Bild Bild
Bild

Achtundfünfzig

Nach zwei Wochen oder so kenne ich die Namen der meisten Mitpatienten. Ich lächle das Pflegepersonal an und mache einen Witz, wenn ich morgens, mittags, abends meine Tabletten abhole.

Du hättest nicht lächeln dürfen, du hättest keinen Witz machen dürfen, Depressive lächeln nicht, Depressive machen keine Witze. Die sagen das morgen dem Arzt, und dann bist du draußen.

Draußen –

Irgendwann sagt irgendwer, dass es den meisten am Anfang besser geht, weil der Druck des Alltags weg ist. Alltag. Ich hatte zuletzt zu Hause ja gar keinen Alltag mehr. Nur meine Familie. Meine Familie. Es geht mir besser, weil ich meine Familie los bin. Ich meine, fuck.

Zum Glück sind es nur noch ein paar Tage, dann wird alles besser. Dann habe ich Zusammenbrüche. Zusammenbrüche sind ausreichend schlimm, um in einer Psychiatrie zu bleiben. So schlimm, dass ich denke, ich komme nie mehr raus.

Neunundfünfzig

Nach dem ersten Mal habe ich gedacht, dass die Sache mit den Depressionen durch ist, dass ich das alles einmal erlebt, verstanden und überwunden habe.
Klinik, Medikamente, Therapie.
Check, check, check.
Im Frühling zweitausendsiebzehn beende ich meine wöchentlichen Stunden bei der Ärztin. Check. Zwei Monate später beginne ich damit, meine Medikamente auszuschleichen. Check. Die Nebenwirkungen sind die Hölle, die Nebenwirkungen fühlen sich an, als wäre ich wieder in der tiefsten Depression. Check. Und wahrscheinlich bin ich das auch. Check. Oder ich bin es eigentlich nicht, aber weil ich das denke, bin ich es doch. Check. Ich halte durch. Check. Stell dich nicht so an, ist ja bald vorbei. Check. Ich bin stolz, als ich die Pillen endlich nicht mehr nehme. Check. Ich bringe meine übrig gebliebenen Tabletten zur Apotheke, um sie pflichtbewusst zu entsorgen, und werfe meine Pillendose mit einem Fach pro Tag in den Müll. Check.

Jetzt bin ich das zweite Mal in der Klinik. Check. Und dieses Mal ist die Depression keine interessante Episode mehr, kein ›Aha, krass, das hat man jetzt auch mal erlebt‹, sondern ein Teil meines Lebens. Check. Und irgendwann werde ich entlassen und habe eine Pillendose mit zwei Fächern pro Tag. Check.

Sechzig

Einmal funktioniert der linke Fahrstuhl für ein paar Tage. In der anderen Zeit teilen sich alle im Haus den rechten. Wir raten immer, wer in welchem Stockwerk aussteigt, wer in welche Station gehört. Die Bipolaren, die Angststörungen, die Zwangsstörungen, die Essstörungen, die Psychosen. Wir sind schnell ganz gut. Auch wenn uns immer wieder Besucher dazwischengeraten.

Ziemlich bald mache ich nicht mehr mit. Wenn viele Leute zusammen in einem Fahrstuhl stehen und sich anschweigen, muss ich immer was Albernes sagen, das war schon vorher so. Ein paar Mal haben mich Mitfahrende ganz verängstigt angesehen. Oder verzweifelt. Oder wütend. Manche haben so geguckt, dass ich sie am liebsten in den Arm genommen hätte. Das geht natürlich nicht. Fremde Menschen in den Arm nehmen. In einem Fahrstuhl. Das ist verrückt.

Einundsechzig

Ich habe wirklich vergessen, welche Fortschritte das gewesen sein sollen. Aber ich falle, das spüre ich. Ich stürze durch das Gebäude meiner Gewissheiten.

Alles, was der Arzt bei meiner Aufnahme ›besser‹ genannt hat, wird mürbe und trägt nicht mehr.

Durch Stockwerk und Stockwerk und Stockwerk breche ich immer weiter hinab. Durch mein Leben oder das, was ich für einige Zeit damit verwechseln durfte.

Bis ich ganz unten bin. Und ganz allein.

Es ist ein langer Fall.

Wochen, in denen alles, jedes bisschen, immer schlimmer oder mir entrissen wird.

Ich falle, falle, falle,

bis der Aufschlag kommt, und um mich ist nur Kälte und Dunkelheit. Und in mir ist nur Furcht und Einsamkeit.

Da endet etwas. Und da fängt etwas an. Es ist ein ärmlicher Anfang. Ein Nichts von einem Anfang. Aber besser als nichts. Fühlt sich nicht so an. Aber besser als nichts, oder?

Facebook

Ich poste ein Foto von einem Geschirrwagen. Über dem obersten Tablett hat jemand ein Schild angebracht. ›Gläser‹ steht groß darauf. Darunter zwei Becher.

›Ich bin ganz glücklich‹, schreibe ich unter das Bild.

13 Reaktionen

Ich poste eine Seite aus Fernando Pessoas *Buch der Unruhe,* die mir zwei Tage später nichts mehr sagt.

12 Reaktionen

Dreiundsechzig

Das letzte Mal, als ich in der Klinik bin, habe ich einen Unfall bei der Volleyballtherapie. Ich stolpere, falle, und mein Hinterkopf schlägt mit einer Wucht, die ich bis heute nicht verstehe, gegen die Backsteinwand der Turnhalle. Das Loch in meinem Kopf stelle ich mir immer kreisrund vor, mit einem Spinnennetz aus Knochensplittern darin, die in einem klebrigen Bett zwischen Gehirn und Kopfhaut liegen, aus dem sie bei der Notoperation Stück für Stück mit einer Pinzette herausgezupft werden. Danach kommen künstliches Koma, Wissen-Sie-denn-schon,-ob-er-überleben-wird?-Nein, Intensivstation, Aufwachen, weniger Schläuche, weniger Kabel, ein anderes Zimmer, Gleichgewichtsprobleme, Sehstörungen, noch eine Operation, dann eine Reha. Irgendwie haben die Ärzte und mein Gehirn mich wieder hingekriegt. Nur das Loch ist geblieben.

– Wenn der Schädelknochen einmal vom Rest getrennt ist, stößt der Körper ihn meist ab, sagt die Ärztin. Wir könnten Ihnen ein Stück Plastik einsetzen, aber danach haben die meisten Patienten epileptische Anfälle.

Als mein Körper im Überlebensmodus läuft, ist mein Denken wie neugeboren.

– Wie kann es sein, fragt die Ärztin, dass der Patient aus der Psychiatrie unser freundlichster Kunde ist?

Später in der Reha schleiche ich heimlich meine Medikamente aus. Ich weiß noch, wie ich in meinem Zimmer an der Ostsee mit Panoramafenster zum Parkplatz sitze, *The Voice Kids* gucke und alle dreißig Sekunden vor Rührung zusammenbreche. Als hätte jemand meinen Gefühlen einen Sack vom Kopf gezogen, als würden sie nach monatelangem Waterboarding endlich wieder Luft bekommen.

Vielleicht würde das noch mal helfen. Fast sterben, auf Überlebensmodus schalten, und die Kopfmaschine läuft wieder.

Die Volleyballtherapeutin arbeitet noch in der Klinik. Als ich sie das erste Mal wiedersehe, ist sie erstaunt, dass es mir so gut geht. Als ich sage, dass ich gern wieder Volleyball spielen würde, lacht sie.
Ich sage, dass der Blitz nie zweimal an derselben Stelle einschlägt, und sie lacht noch einmal.
– Nein, ernsthaft, sagt sie, bitte machen Sie was anderes.

Facebook

Zweitausendzwölf hat der *Top Gun*-Regisseur Tony Scott sich von einer Brücke geworfen. Bis zu seinem Tod hat er mit seinem *Blade Runner*-Bruder Ridley Scott eine Gerichtsserie produziert.
Ich schreibe
›Am Ende der ersten Folge von *The Good Wife*, Staffel vier. Ich habe ja damit gerechnet, dass der Nachruf irgendwann kommt. Aber es ist immer noch so ungeheuer traurig.‹
9 Reaktionen

Fünfundsechzig

– Das Wichtigste bei einer Depression ist, genug Schlaf zu bekommen, sagt Johan.
In der Klinik bekomme ich abends zuerst eine rote Pille. Sie wirkt prima. Bis ein Uhr. Dann liege ich wach. Die Ärztin schreibt mir eine blaue Pille in die Planette. Sie reicht bis halb drei. Ich schlage ihr vor, dass ich jeden Abend die blaue nehme und mir, wenn ich sie brauche, noch die rote abholen kann. Sie schreibt noch etwas in meine Planette.
Abends stehe ich vor dem Zimmer der Pflege.
– Das geht leider nicht. Schlafbedarf nur bis dreiundzwanzig Uhr.
– Aber wenn ich die Tabletten vor dreiundzwanzig Uhr nehme, bin ich um zwei wieder wach.
– Dann gehen Sie zur Ärztin und lassen sich eine höhere Dosis geben.
– Die hatte ich schon, aber dann bin ich um halb drei wieder wach.
– Ja, aber den Bedarf kann ich Ihnen natürlich nicht mitten in der Nacht geben. Schlafbedarf ist bis dreiundzwanzig Uhr.
– Dann nehme ich jetzt meine Abendmedikation und meinen Bedarf.
– Das geht nicht. Ihren Bedarf können Sie nur bekommen, wenn Sie mit der fest verordneten Medikation nicht einschlafen können.
– Das heißt, theoretisch müsste ich jetzt meine Pille nehmen, mich ins Bett legen, mich bis dreiundzwanzig Uhr wach halten und mir dann meinen Bedarf abholen?
– Das können Sie von mir aus so machen.

Sechsundsechzig

– Herr Maack, wie fühlen Sie sich?

Siebenundsechzig

Der Arzt hat eine schöne Schrift.
Diese schöne Schrift,
Diese sehr schöne Schrift

Will und geht so mühelos in alle Richtungen,
Kurvt über das Flipchartpapier,
Wisch und zisch,
Ausgelassen,

Als hätte sie nie überlegt,
Wäre noch nie in ihrem Leben
Ins Grübeln geraten.
Überstolpert den einen Buchstaben
Und einen halben anderen,

Liegt auf dem Papier.
Stiller, sehr stiller Welpe,
Spinnenfäden, durch halb erstickten Wind
Herabgeregnet,
Liegt gekrümmt,
Unterzuckerte Schlangen.

Da steht ja alles.
Diese schöne Schrift.
Gekrümmt, schon still, schon halb erstickt.

Könnte ich Schrift sein,
Eine Hand würde mich
Auf dem Flipchartblatt ausruhen lassen,
Still, ganz still.

In schwarzfilzenen Tälern.
Wisch und zisch,
Das S neben dem C, das H gegen das A
Und ein stumpfer Käseglockenton,
Das M.

So schön.

Ich will in ihre Täler stolpern.
Und liegen, liegen, liegen.
Gekrümmt, herabgeregnet, ungesehen,
In halb erstickter Stille,
In meiner --------- ------.

Achtundsechzig

Ich übe Deutsch mit der Frau, die in ihrem Land Lehrerin ist. Wir benutzen Kinderbücher, die Theo uns geliehen hat. Erst habe ich mich aufgedrängt, jetzt kriege ich es so oft nicht hin, zu unserem Unterricht zu kommen, dass ich mich schäme. Manchmal denke ich, sie macht das alles nur mir zuliebe. Manchmal wünsche ich mir, dass sie bald entlassen wird und die Scham mitnimmt.

Ich lese die dicken Wälzer, die man nur lesen kann, wenn man arbeitslos ist oder todkrank. Manchmal fühle ich mich komisch. Manchmal ist da irgendwas. Dann nehme ich ein Buch und lese, lese, lese, bis das Buch zu Ende ist. Nur für das Essen, die Therapien und zum Schlafen lege ich es zur Seite. Und dann ist das Buch zu Ende. Und dann breche ich zusammen.

Neunundsechzig

Meine Tage erstarren zu Choreografien. Jeder Schritt, jeder Handgriff ist festgelegt. Alles. Wann der Kleiderschrank im Zimmer auf- und wann zugemacht, wann er auf- und wann abgeschlossen wird, wann ich welches Duschgel benutze, wo beim Duschen meine Badelatschen stehen, und wie ich danach in sie hineinsteige, in welcher Reihenfolge die Zahnzwischenräume gereinigt werden. Alles. Am Frühstückstisch ein Brötchen mit einem Stück Butter und Zuckerrübensirup. Erst der Sirup, verstreichen, dann mit Butter versiegeln, damit es nicht so klebt. Das habe ich in einem anderen Krankenhaus gelernt. Plattdrücken, damit es besser in den Mund passt. Alles. Dazu einen Becher Kaffee. Alles. Und nach dem Brötchen noch einen. Dann Bewegungstherapie, dann Rückengymnastik, dann Lesen, mehr Therapien, Kunsttherapie, Trommeltherapie, Emotionsgruppe. Alles. Es sind schon fast alle Spalten im Patientenpass voll. Und einmal in der Woche breche ich zusammen.

Siebzig

In einem der Styroporbienenstöcke ist etwas. Ein Schatten, nur ein paar Millimeter hinter der Öffnung. Ein Insekt. Eine Biene? Es sieht gefährlich aus. Größer und dunkler als die anderen. Sitzt dort und lauert. Ich knie vor dem Loch und versuche, eine Bewegung auszumachen. Ich bin jeden Tag bei den Bienenstöcken. Aber so eine Biene habe ich noch nie gesehen. Ich bleibe lange dort knien, und sie sitzt ganz still und sieht mich an. Am nächsten Tag ist sie immer noch da. Ich nehme einen kleinen Stock und berühre den Körper. Nichts. Ich hebe ihn vorsichtig zwischen den anderen heraus. Er ist groß und schwarz und steif und tot. Ein Eindringling, der gestellt wurde.
Ich ziehe ein Tuch aus der Tasche und wickle ihn für Theo ein.

Facebook

Ich freue mich über die Schönheit von Schleimpilzen. 5 Reaktionen
Und wundere mich über die Gestalt eines Holzbienenmännchens. 4 Reaktionen

Zweiundsiebzig

Einmal in der Woche läuft *Team Ninja Warrior* auf RTL. Ich melde das immer rechtzeitig an, damit kein anderer den Fernsehraum besetzt. Es gibt noch einen Fernseher im großen Aufenthaltsraum, aber da spielen sie Karten oder lösen Kreuzworträtselbücherkreuzworträtsel.

– Gibt es in Panama eigentlich etwas anderes als den Panamakanal?

– Nicht in Kreuzworträtseln.

Andere machen Handarbeiten. Gut organisierte Depressive haben große Plastikbastelkoffer voller Perlen, Drähte, Buntstifte, Nadeln und Fäden.

Ein paar Mal werden riesige Puzzle gelöst. Tausend, tausendfünfhundert, zweitausend Teile. Sie liegen da, immer mal setzt sich jemand dazu und löst ein paar, manchmal sitzen vier oder sogar sechs Leute auf einmal um den Tisch. Bei den Gebäuden und Menschen, bei den Tieren und Bäumen sind die meisten noch dabei. Am Ende bleibt Wasser. Oder Wiese. Oder der Himmel. Hunderte Teile strahlend blauer Himmel.

Dreiundsiebzig

An manchen Tagen bin ich so dankbar, wenn die Pillen aus den vorbereiteten Tablettendosen in meine Handfläche klackern. An anderen sind sie meine größte Angst.

Bin ich ohne die Tabletten ein anderer?
Sicher.
Aber gehen die so richtig an die Substanz, an mein Wesen?
Nehme ich anders wahr?
Ja.
Fühle ich anders?
Unbedingt.
Aber nehme ich auch gesünder wahr, fühle ich gesünder? Bedeutet gesünder sein, weniger ich sein?

Der Arzt sagt
– Und wenn Sie Angst um Ihr Schreiben haben, womöglich können Sie mit diesem Medikament sogar besser schreiben, Ihre Gedanken besser ordnen.
Ich will meine Gedanken nicht besser ordnen.
Ich rufe Friederike und Johan an und bitte sie, darauf zu achten, ob ich noch ich bin.

Vierundsiebzig

Ich sticke Britney Spears. Ich habe so was noch nie gemacht. Für jeden Stich, der einigermaßen gelingt, muss ich zwei wieder auftrennen. Aber das macht gar nichts. Ich mag das. Dass falsch kaum schlimmer ist als richtig, beruhigt mich.

Sticken ist eine Zeitmaschine. Ich fange an und schaue hoch, schaue auf die Uhr, und es sind zwei Stunden vergangen.

Manchmal fragt jemand, warum ich Britney Spears sticke. Ich weiß es nicht. Und auch das gefällt mir. Ich habe ihr Bild in einer Illustrierten in der Kreativwerkstatt gefunden und angefangen.

Ihre Ballade *Everytime* hat mich oft zum Weinen gebracht, als mich noch andere Sachen zum Weinen gebracht haben als ich selbst.

›Every time I try to fly I fall
Without my wings
I feel so small
I guess I need you, baby‹

Jedes Mal, wenn ich versuche zu fliegen, falle ich
Ohne meine Flügel
Fühle ich mich so klein
Ich glaube, ich brauch' dich, Baby

Nach ein paar Wochen ist Britney fertig und so nutzlos wie ich, und ich beginne einen Baum.

Facebook

Ich schreibe
›Eine Wespe ist in der U-Bahn gefangen. Was sie wohl denkt und fühlt, wenn sie ein paar Stationen weiter aussteigt? Ob das für sie wie ein neues Land ist? Wie ein neuer Planet? Oder wie das Gleiche – Wasser, Baum, Blume, Haus, Mensch, Himmel – in anderen Reihenfolgen?‹
11 Reaktionen

Sechsundsiebzig

Immer dienstags ist Visite. Ärzte und Pflege, mindestens drei, eher fünf oder sechs Leute sitzen im Halbkreis. Ich bin allein auf der anderen Seite. Zwischen uns ein Tisch. Notizblätter, Formulare auf Klemmbrettern, meine Planette. Manchmal, wenn ich etwas sage, kratzen Bleistifte und Kugelschreiber auf Papier.
Ich kapiere nicht, wann etwas notiert wird und wann nicht. Aber je mehr Stifte zugleich kratzen, desto mehr denke ich, ich werde nie mehr gesund oder dass ich einen schlimmen Fehler gemacht habe.

– Wie geht's Ihnen, Herr Maack?

Ganz gut? Aber dann denken sie, ich kann bald gehen.
Nicht so gut? Aber dann fragen sie, was los ist. Und ich weiß nicht, was los ist. Und dann verdreht vielleicht jemand von der Pflege die Augen oder schaut unzufrieden. Und auch wenn ich eigentlich weiß, dass damit vielleicht gar nicht ich gemeint bin, werde ich den ganzen Tag überlegen, was ich falsch gemacht habe. Vielleicht bin ja doch ich gemeint. Ziemlich sicher bin ich gemeint. Ich bin ja der einzige Idiot im Raum. Wer sollte sonst gemeint sein? Bestimmt bin ich gemeint. Ich Idiot.

– Wie geht's Ihnen, Herr Maack?
– Gut, sage ich und lächle.
– Das ist gut. Gibt es irgendwas, das wir für Sie tun können?

Heute war mein erster Morgen mit Quetiapin. Ich wanke aus dem Bett ins Bad, schaue in den Spiegel, das Weiß in meinen Augen ist ganz rosa, kaum von der Haut darum zu unterschei-

den. Ich habe Kopfschmerzen, ich habe geschlafen wie ein Stein. Irgendwie fühle ich mich verdreht beim Aufwachen, ich glaube, ich habe mich die ganze Nacht keinen Millimeter bewegt. Als hätte das Medikament meinen Kopf, meinen ganzen Körper ausgeknipst wie eine Lampe.
Aber das kann ich jetzt nicht sagen. Das habe ich vorhin schon der Pflege gesagt.

– Ist das normal?, frage ich bei der Medikamentenausgabe.
– Joa, sagt die Pflege.

Und wenn ich es doch noch mal erzähle? Würde der Arzt lächelnd abwinken und mich für einen Waschlappen halten? Würde er das Medikament sofort absetzen, und die Chance, dass es mir bald ein wenig besser geht, wäre dahin? Würde die Pflegerin die Augen verdrehen, weil ich das doch schon heute Morgen gefragt habe? Vielleicht wäre sie sogar richtig sauer, weil ich die Pflege ja wohl offenbar für inkompetent halte, für nicht fähig, dem x-ten Patienten, der Quetiapin bekommt, zu sagen ›Joa‹. Oder weil sie eben manchmal einfach so, wegen total anderer Sachen als mir die Augen verdreht? Habe ich schon gesagt, dass ich weiß, dass das Quatsch ist? Aber ich darf bei der Visite nichts falsch machen, ich darf mich nicht mit meinen Beschwerden wichtigmachen. Bei einer Visite kann man nur alles falsch machen. Also mache ich lieber die Fehler, die keiner bemerkt.

– Gibt es irgendwas, das wir für Sie tun können?
– Ich müsste morgen oder übermorgen mal einen Nachmittag raus, um Wäsche zu waschen.
– Okay, wir besprechen das.

Siebenundsiebzig

Irgendwo da draußen sind diese vielen Menschen, die irgendwie ganz normale Leben führen, ganz normale Wünsche haben, normale Gefühle fühlen. Da draußen ist diese Masse an Menschen, die es hinbekommt. Und ich bin hier und sehe aus wie sie und kann Dinge tun wie sie, kann es aussehen lassen, wie sie es aussehen lassen. Aber nicht für lange. Nicht lange genug.

Angry Birds Match, Level 223

Neunundsiebzig

Wenn Friederike wütend auf mich ist, hat das meist mit Facebook zu tun. Friederike versteht das nicht.
– Wie kann es sein, dass du auf Facebook so normal bist und in echt total kaputt?, sagt sie. Warum bekommen wir den kaputten Benjamin und irgendwelche Fremden auf Facebook den guten?

Facebook

Einmal gelingt es mir, in einer Achtsamkeitsübung ein ungekochtes Ei hinzustellen.
›Nimm das, Kolumbus‹, schreibe ich.
14 Reaktionen

Einundachtzig

Google Maps fragt eine Mitpatientin, ob sie ihre Heimatadresse ändern möchte.

Zweiundachtzig

Bei der letzten Therapiestunde mit dem Arzt habe ich ›positive Selbstverbalisierung‹ als Hausaufgabe bekommen. ›Finden Sie einen selbstfürsorglichen Satz.‹

Es geht mir gut, ich bin glücklich.

Ha.
Idiot.

Ich habe Glück, es geht mir gut.

Ha.

Es geht mir –

Ha.

Ich –
glaube mir nicht, ich bin ein Lügner.

Ich werde geliebt, ich darf mich selbst lieben.

Ich –
glaube mir nicht, ich bin ein Streber. Und ein Idiot. Ein widerlicher Streber. Zum Kotzen. Es wäre besser, wenn ich tot wäre. So ein Stück Scheiße wie ich –
wird geliebt.

Dreiundachtzig

Ich habe seit drei Tagen Kopfschmerzen. Tabletten helfen nicht. Ich habe das oft.
Die Ärztin sagt, sie würde mich lieber ins Krankenhaus schicken, um das abzuklären. Ziemlich direkt neben diesem Krankenhaus ist ein anderes. Ich werde in einem Krankenwagen mit zwei weiteren Patienten von anderen Stationen rübergefahren. Der eine sagt die ganze Zeit kein Wort, der andere verteidigt mit einer seiner Krücken und einem starken russischen Akzent Moskau vor der Invasion der Deutschen. Sie sind überall. Eine alte Frau mit einem Einkaufstrolley, ein Mann, der im Anzug auf seinem Rennrad sitzt, eine Gruppe Kindergartenkinder und ihre Betreuerinnen. Sein Krückenmaschinengewehr mäht sie alle nieder, während er brüllend auf der Krankenliege hin- und herrollt.

MRT. Ich bin eigentlich ganz gern in diesen Röhren. Sie sehen so sauber und mächtig aus. Sie sind ein Ort, der mir eine Sorte Angst macht, die ich aushalten kann. Ich warte lange, bis ich in die Röhre geschoben werde. Danach warte ich lange, bis ein Arzt kommt. Er hätte sich das MRT angesehen und nichts finden können.
– Machen Sie mal so, sagt er und wirft seinen Kopf mit Schwung nach vorne.
– Okay.
Ich werfe meinen Kopf mit Schwung nach vorne.
– Tut das weh?
– Ja.
– Spüren Sie hier einen Druck?
– Ja.
– Dann haben Sie eine Nebenhöhlenentzündung, sagt er, und

wir müssen beide lächeln. Lassen Sie sich ein Nasenspray geben, dann sollte es wieder gehen.

Vierundachtzig

An Ostern bedanke ich mich bei der Tablettenausgabe dafür, dass die Pillen heute so schön bunt sind. Wir lachen. Til Schweiger, Matthias Schweighöfer und Florian David Fitz.

Fünfundachtzig

Venlafaxin!
Paroxetin!

Namen wie Science-Fiction-Buch-Planeten.
Namen wie Glasperlen.

Lithium!
Abilify!

Comichelden.

Ci!
Pra!
Lex!
Cipralegis! Cipralegibus! Cipralegem! Cipralege! Cipralex! Cipralege!

Comicsuperhelden.
Oder Könige
Aus griechischen Sagen.
Kämpfer.
Wisch und zisch.

Citalopram!
Mirtazapin!
Diazepam!
Quetiapin!
Ist das ein Flugzeug?
Wisch und zisch.

Oxazepamoxazepam,
Bammbadabammbummbudubumm.

Und
Dann
Tavor.

Ta!
Vor!

Wie sanft der Klang
Sich über die Lippen ausatmet.
Eine schwere Decke für den Kopf.
Doppelt gelegt.

Sechsundachtzig

Einmal sagt eine Mitpatientin beim Frühstück
– Ist euch das auch schon mal aufgefallen? Egal wie plattgefahren ein Eichhörnchen ist, der Schwanz bleibt puschlig.

Wir haben viele Eichhörnchen auf dem Gelände. Die Eichhörnchenfamilie in der Nähe des Patientencafés. Die Eichhörnchen, die in dem kleinen Waldfetzen Richtung Bienenstöcke durch die Baumwipfel springen.

Einmal war mir ein Eichhörnchen so nahe, dass ich seinen Gesichtsausdruck erkennen konnte. Es guckte ganz abgeklärt und teilnahmslos.

Einmal sage ich beim Frühstück
– Ach, egal! Bleiben wir halt bis Silvester. Ich hab gehört, da dürfen hier alle um null Uhr aufs Dach und das Feuerwerk anschauen.

Siebenundachtzig

– Und was ist das hier?
– Das ist ein Fehler.
– Sieht aus wie ein Astloch.
– Ist aber ein Fehler.
– Sieht aber aus wie ein Astloch.
– Ist aber keins. Ist ein Fehler.

Achtundachtzig

Ich mag die Kunsttherapie, weil ich nicht malen kann. Wer nichts kann, kann nichts falsch machen. Oder nichts richtig, was aufs Gleiche rauskommt. Ich hasse die Kunsttherapie, die Kunsttherapie macht mich wahnsinnig, weil ich nicht malen kann. Ich male und versage. In jeder Therapiestunde. Mit jedem Strich. Und vielleicht sagt der Therapeut irgendwann, man kann nicht versagen. Und dann hängt er manche Bilder im Flur auf und andere nicht. Und ich freue mich, wenn die Bilder der anderen aufgehängt werden. Und ich würde es nicht aushalten, wenn ein Bild von mir da hängen würde. Und vielleicht wäre ich zugleich ein bisschen stolz, wenn ein Bild von mir da hängen würde. Und diese Jaxonkreiden machen mich irre. Und ich will das hier hinkriegen, weil ich weiß, dass darin eine Lektion versteckt ist.

Neunundachtzig

Ich nenne die Klinik aus Versehen Zuhause.
Wisch und zisch.

Neunzig

Das Zimmer liegt auf der Seite, auf der die Sonne aufgeht. Mein Zimmernachbar mag es nicht, wenn die Vorhänge geschlossen sind. Ab neun Uhr ist es ein Backofen.

Im Moment bekomme ich 300 Milligramm Venlafaxin, zwei weinrote Kapseln jeden Morgen. Ich schwitze die ganze Zeit, meine Haut reagiert extrem empfindlich auf Sonne. Nebenwirkungen.

Ich gehe die Treppen runter und lege mich auf den Rasen neben dem Café. Ich habe mich auf dem Zimmer mit Lichtschutzfaktor Fünfzigplus eingerieben und schwitze die Creme sofort wieder runter. Ich lese im Schatten eines großen Baumes. Die Bäume sind ganz gut hier.

Ein paar Meter weiter ist die Eichhörnchenfamilie. Ich mag Eichhörnchen ja. Ich fühle mich bei ihnen in guter Gesellschaft. Ich nenne die drei Familie, weil es ein großes, ein etwas kleineres und ein ganz kleines Eichhörnchen gibt. Eigentlich weiß ich nicht, ob sie eine Familie sind. Eigentlich weiß ich nicht mal, ob es drei sind. Es könnten sich Hunderte Eichhörnchen im Busch verstecken und immer andere rausschicken. Hunderte Eichhörnchen, die sich im Busch schrottlachen, weil ich eins nicht vom anderen unterscheiden kann.

Wenn das kleinste Eichhörnchen läuft, macht es große Sprünge, und mitten in jedem Sprung sieht es aus, als würde kurz die Zeit anhalten, als würde es fliegen. Wie ein Superheld.

Eichhörnchenmann!

Bammbadabamm!

Judith besucht mich, und wir sprechen über Depressionen und Selbstmord. Ich sage ein paar sehr abgeklärt klingende Sachen, die mich selbst überraschen und die ich ein paar Stunden später wieder vergessen habe.

Noch vor dem Mittagessen bin ich sonnenverbrannt vom Im-Schatten-Sitzen.

Einundneunzig

Nicht denken können. Ich kann nicht denken. Es fühlt sich schrecklich an, nicht denken zu können und nicht sicher zu sein –

Ich meine, ich bin mir einfach nicht sicher, ob das schon immer so war, ob ich schon immer nicht denken konnte oder eben nur so denken konnte wie jetzt gerade, und vielleicht war das ja total in Ordnung. Oder ist es. Vielleicht ist es total in Ordnung so, eben nur schlecht denken zu können oder mindestens nicht so besonders. Ob das sonst einfach in Ordnung so war? Ob ich die Löcher, die fadenscheinigen und zerfransten Stellen in meinen Gedanken vielleicht nur nicht spüren konnte. Und wenn ich irgendwann wieder finde, dass ich denken kann, dann denke ich vielleicht ganz anders. Oder genauso wie jetzt. Oder es sind die Tabletten.

Zweiundneunzig

Aufruhr beim Frühstück. Über Nacht ist schon das zweite Mal ein Patientennutella weggekommen. Dieses Mal ist es ein Maxiglas.

Dreiundneunzig

Eins. Malen Sie einen Baum.
Zwei. Malen Sie die vier Elemente.
Drei. Malen Sie Ihre Familie.
Vier. Mischen Sie so viele Grautöne wie möglich an, und malen Sie ein Bild damit.
Fünf. Und nun malen Sie die Antwort auf dieses Bild.

Funktionieren

Vierundneunzig

Einmal ist es ein Foto von Mont-Saint-Michel, einmal ein Getümmel von Delfinen unter Wasser, eine weichgezeichnete Szene in Rosa, Blau und Lila, die anderen habe ich vergessen.

Gepuzzelt wird auf großen Plastikmatten, damit sie zu den Mahlzeiten vom Tisch verschwinden können.

Manche helfen ein paar Minuten im Stehen mit.

Himmel, Wiesen, Meer in ihrer verstörenden Beinahe-alles-Gleichheit.

Einmal sitzt eine Mitpatientin tagelang allein und löst den Himmel.

Hunderte Teile sortiert zu kaum unterscheidbaren Puzzlestückhalden. Ist das Blau? Also richtiges Blau, brutal Blau. Oder spielt der Schleier einer Wolke hinein? Ist es wirklich sehr hellblau oder doch sehr, sehr hellblau? Oder das dazwischen?

Puzzeln. Jemand nimmt ein Bild, macht es kaputt und lässt einen anderen dafür bezahlen, dass der es wieder zusammensetzt. Und je mehr Teile es sind, je schwieriger es ist, je länger es dauert, das Bild wieder hinzukriegen, desto teurer ist es. Und wir denken, wir bezahlen für das Bild oder die Pappe, auf die es gedruckt ist. Aber eigentlich bezahlen wir für das Versprechen, dass kein Teil fehlt.

Wie bei -------.

Ja, Quatsch.

Entschuldigen Sie.

Das ist -- -------.

Ich stelle mir die Milliarden und Milliarden Teile vor, die niemals zusammenfinden. Teile, die in abgestandener Dunkelheit darauf warten, weggeworfen zu werden, oder in ihren foliierten Kartons in Spielwarenabteilungsregalen dämmern, jeder Karton heilloses Über-, Unter-, Nebeneinander. Teile, die Berge, Wellen, Hagelstürme sein könnten.

Am schwierigsten sind die Delfine im Mondlicht. Man denkt, die vielen Delfine würden es einem leicht machen. Die Mütter und Väter und Kinder. Machen sie nicht. Die Delfine machen alles schwieriger. Wir sitzen um das Puzzle mit all seinen weichgezeichneten Lila- und Blautönen, die Köpfe gesenkt, die Augen verkniffen, erstaunt, wie schwer das ist, und irgendwer sagt
– Delfintherapie.

Fünfundneunzig

Ich bin nett. Ich bin nett, damit die anderen mich mögen. Ich meine, ich bin nett, damit die anderen mich nicht hassen. Das erledige ich ja schon selbst. Darin bin ich selbst gut genug.

Ich bin leer. Wie fühlt sich das an? Wie immer. Der Druck im Kopf. Die aufeinandergepressten Zahnreihen. Die verwirrten Tränen hinter den Augen. Leere, die sich wie eine Trauer anfühlt. Worum? Kann grad nicht denken.

Funktionieren

Sechsundneunzig

Einfach irgendwas hinschreiben, das gut klingt. Einfach weiterschreiben. Dann bist du auch noch ein Lügner. Einfach weiterschreiben.

Ey!

Nur weil du grad am Computer sitzt, ist das hier noch lange nicht -------. Nur weil du grad zufällig am Computer sitzt, ist das hier noch lange nicht von Bedeutung.

Einfach weiterschreiben.

Lügner.

Funktionieren

Sechsundneunzig

Ich bin verloren. Ich bin so verloren, ich weiß nicht, was ich tun soll. Ich mag nicht lesen, ich mag nicht fernsehen. Die Welt redet nicht mehr mit mir. Wir berühren uns, aber es entsteht kein Ton. Wir berühren uns, und es entsteht das Gegenteil von einem Ton.

Wenigstens brennt meine Haut. Wieder das Bild im Kopf. Den Kugelschreiber in die Innenfläche meines Unterarms drücken. Den Daumen auf dem Knopf. Die Kugelschreiberspitze tief in die weiche Haut, bis sie spannt, und dann langsam die Mine rausdrücken, langsam raus und immer weiter. Erst gegen die protestierende Haut, bis sie nachgibt, dann in das rote Fleisch, drängelt sich an Sehnen und Adern vorbei, trifft einen Nerv, lässt ihn aufklingen, taucht tief ein zwischen Elle und Speiche. Ein Gefühl, als –

Manche Dinge dürfen ihre Worte nicht finden. Sonst kommen sie aus meinem Kopf ins Zimmer. Zu mir und meinem Kuli. Das geht nicht, glaube ich. Kann sein, das wäre nicht gut.

Ich will mir wehtun. Das ist doch ein scheiß Klischee. Ich will mir nicht wehtun. Ich will nur was fühlen. Scheiß Klischee. Etwas Krasses. Ich muss jetzt was Krasses spüren. Scheiß Klischee. Klingt wie aus einer Fibel. *Scheiß Klischees für Borderlinepatienten.* Ist aber so. Jetzt ein Schmerz, in den man alles hineinlegen könnte. Alles reinkippen. Das wäre schon gut. Das wäre schon was. Auf jeden Fall besser als das hier.

Siebenundneunzig

– Sie denken vielleicht, Sie malen diese Bilder, weil Sie sich die so überlegt haben. Aber jede kreative Äußerung entspringt direkt Ihrer Seele.

Achtundneunzig

Bin ich mit den Tabletten ein anderer?
Sicher.
Will ich ein anderer sein?
Weiß nicht.
Muss ich ein anderer sein?
Bestimmt.
Vermisse ich den, der ich vorher war?
Ja.
Weiß ich, wer ich vorher war?
Nein.

Neunundneunzig

Eine Sängerin, die ich mag, singt, dass sie ihre Träume verfolgen möchte, und mir fällt auf, dass ich gar keine Träume habe. Ist das ein Symptom der Depression oder des Erwachsenseins? Braucht man Träume? Oder sind Träume nur kitschig verschnörkelte Ziele?

– Wer hat Sie denn dieses Lied hören lassen? Sie haben doch noch gar keine Träume.

Einhundert

– Sehen Sie das?
– Ja. Da ist ein Loch.
– Nein. Ich meine, sehen Sie das?
– Ja.
– Da ist ein Loch.
– Das habe ich doch gerade gesagt.
– Nein, sehen Sie mal genau hin. Da ist ein Loch im Papier.
– Ja, ich weiß, ich habe es da ja reingemacht.
– Ich glaube, Sie verstehen mich nicht ganz.
– Doch, Sie meinen das Loch im Papier. Das habe ich da mit dem Pinsel reingemacht. Und das da auch.
– Warum haben Sie das gemacht?
– Es hat sich gut angefühlt.
– Nein, das hat es nicht.
– Doch, sehr sogar. Ich habe den Pinsel genommen und so lange gedreht, bis ein Loch entstanden ist. Das fühlte sich so sanft an. Ich finde das schön.
– Nein, das finden Sie nicht. Es hat Sie sehr aufgeregt.
– Nein, gar nicht. Woher wollen Sie das wissen?
– Ich habe Sie dabei beobachtet.
– Sie meinen, Ihre Beobachtung zählt mehr als mein eigenes Gefühl dabei?
– Ich mache das schon sehr lange.
– Ich fühle auch schon ziemlich lange.
– Ich glaube, Sie verstehen mich nicht richtig.
– Ich glaube, Sie mich auch nicht.

Angry Birds Match, Level 245

Einhundertzwei

Michael bringt Macarons mit. Wir teilen eins, und ich sage etwas über den Geschmack.
– Köstlich, oder?, sagt Michael.
Als er weg ist, lege ich die Schachtel in meine Schublade. Ich wage es erst, sie wieder hervorzuholen, als die Macarons schon ungenießbar sind. Als ich ein Stück probieren und sagen kann, dass sie ungenießbar sind. Ungenießbar, das geht noch. Das ist okay. Genießbar geht auch noch. Aber köstlich, da bekomme ich Angst. Dass ich etwas nicht gut genug, nicht gesund genug mögen kann, dass mir das Essen nicht ausreichend Freude macht. Macarons gehen auf keinen Fall. Weil ich weiß, dass ich Macarons mag. Sehr sogar. Mochte. Eigentlich. Weil ich Angst habe, dass sie jetzt nur noch Fett und Zucker sind. Weil ich vor dem Krankenhaus nichts mehr essen konnte außer Salz und Fett und Zucker. Chips, Fruchtgummi, Schokolade und literweise Häagen-Dazs. Alles lustlos reingestopft, reingelöffelt, schon währenddessen angewidert von mir selbst.

Als Thomas kommt, bringt er mir einen kleinen Vogel aus Ton mit. Füllt man ihn mit Wasser und pustet hinein, soll er zwitschern. Ich kann kein Wasser hineinfüllen, ich kann ihn nicht zwitschern lassen. Ich habe Angst, dass ich mich nicht anständig genug, nicht vernünftig genug darüber freuen kann.

– Warum sind Sie denn in der Emotionsgruppe? Sie haben doch noch gar keine Gefühle.

Einhundertdrei

Die üblen Selbstmordgedanken fangen mit dem Quetiapin an.
Der Arzt sagt
– Unwahrscheinlich.
Eine Pflegerin sagt
– Kann nicht sein.
Der Beipackzettel sagt, kann ganz, ganz selten vorkommen.
Der Arzt sagt
– Schreiben die überall rein, um sich abzusichern.
Und meint, für den Fall, dass sich doch mal jemand unter Quetiapin umbringt.
Eine Mitpatientin sagt, sie hat mal Quetiapin genommen, und als es von 25 auf 50 Milligramm erhöht wurde, hatte sie zwei Wochen lang Selbstmordgedanken. Davor nie und nach dem Absetzen nie wieder.

Einhundertvier

Die anderthalb Tage, an denen ich an kaum etwas anderes denken kann, beginnen ein paar Stunden nach der Erhöhung des Medikaments von 100 auf 150 Milligramm. Ich weiß noch genau, wie ich auf meinem Bett liege, den Blick auf das Fenster, wie ich mich aber eigentlich durch den viel zu schmalen Kippfensterspalt zwänge und fünf Stockwerke hinunter in den hoch eingezäunten Garten der Geschlossenen knalle. Ich spüre das Ziehen und Reißen, den Druck des Fensterrahmens durch meine Kleidung, an meiner Haut, in meinem Fleisch, fühle die Beschläge durch das T-Shirt zwischen meinen Rippen, wie das Metall härter ist als das Holz, wie mir die Luft wegbleibt, und dann ein Rutschen, das im selben Moment ein Zerren wird. Und ich –

falle durch die stickige Abendluft, die sich träge auf der Welt türmt, und schlage auf. Es ist so albern, ich da oben im Kippfenster, ein viel zu fetter Umschlag im Briefkastenschlitz, zwei Meter und ein bisschen über dem Boden des Zimmers, fünf Stockwerke über dem Boden da draußen, halb drinnen, halb draußen, keuchend, Tränen in den Augen, schiebe und zerre ich wie ein Idiot. Und dann falle ich endlich, ein Aufatmen, die matte Luft, die augenzwinkernlange Schwerelosigkeit, die eigentlich das Gegenteil ist. Und dann bin ich angekommen.

Grashalmspitzen, Erde, Blut –

Das stelle ich mir nur vor. Bevor ich etwas spüren kann, bevor mein Aufschlag bei mir angekommen ist, bevor ich die zerschlagenen Knochen, den platzenden Gehirnballon, den Geschmack nach Eisen in meinem Mund, bevor ich das alles mitkriege, ist es ja vorbei. Ich liege auf meinem Bett und starre auf das Fenster und starre in meinen Kopf, und ich kann nicht fassen, was da passiert.

Ich greife nach dem dunkelblauen Notizbuch und dem Kuli und fange an, wie ein Besessener alles hinzuschreiben, was in meinem Kopf ist. Panisch. Pathetischen, peinlichen, ekel- und pennälerhaften Mist. Ich schreibe das alles auf, schreibe das alles aus meinem Kopf heraus.

Es funktioniert nicht. Nicht ein bisschen.

Einhundertfünf

Ich will nicht mehr da sein, nichts interessiert mich. Da ist nichts, das mich am Leben halten könnte. Außer Friederike und die Kinder –

Und vor denen habe ich Angst –

Ich weiß, dass das Quatsch ist, ich habe mich da einfach in was hineingesteigert. So einfach ist das. Oder erlaube ich mir im Moment vielleicht einfach nicht, mich besser zu fühlen –

Mit diesem Blick aus dem Fenster, auf die Wolken und die Häuser und die Bäume könnte es vorbei sein. Friederike würde schon jemand Neues finden. Sie ist eine tolle Frau. Die Kinder würden drüber hinwegkommen. Sie sind jung. Ich werde schnell länger nicht da gewesen sein, als ich da war –

Ich habe schreckliche Angst. Ich muss etwas anderes denken. Ich weiß nicht, wie –

Gut. Aufhören. Es hat aufgehört, interessant zu sein. Aufhören –

Jetzt ist es also ernst –

Ernst –

Ernst, ernst, ernst –

Es ist ernst und gleichzeitig total peinlich, peinlicher, aufgeblasener Ernst. Schwimmtierernst –

Aber wahrscheinlich ist Sterben so. Wahrscheinlich ist das richtig so. Ein bisschen würdelos, ein bisschen überschminkt und aus der Form –

Noch ist das traurig. Noch macht mich das traurig –

Wie ----- ---- –

Wird das aufhören? Oder werde ich bis zuletzt traurig sein? Bis ich weg bin? Ist diese Trauer die alberne Titelmelodie zu meinem Selbstmord? Das geht nicht. Das geht so nicht. Niemand darf das hier lesen oder finden. Ich schreibe es auf, um es aus meinem Kopf zu bekommen. Geht nicht. Funktioniert nicht. Aufhören. Irgendwer –

Hallo? Hallo –

Es funktioniert nicht –

Aufhören –

Vielleicht würde es ja schon reichen, wenn ich dieses Krankenhaus nie mehr verlasse. Vielleicht würde mich das schon ausreichend aus der Rechnung des Lebens nehmen. Vielleicht bin ich ein hoffnungsloser Fall –

Vielleicht bin ich schon tot, und es ist nur noch nicht passiert –

Vierzig Jahre sind ja kein schlechtes Alter –

Wegmachen! Machen Sie mich weg! Können wir nicht einfach das Denken vom Körper wegmachen, bis es ihn wieder bewohnen kann? Es geht doch so allerlei heute –

Vielleicht ein künstliches Koma, bis es vorbei ist. Würden Sie das für mich tun? Darf ich darum bitten –

Ich habe Angst, das zu fragen, Angst, wieder nach unten zu kommen, wieder Telefon und Gürtel abgeben zu müssen und dieses Mal nie mehr rauszukommen –

Das ist Quatsch, Benjamin –

Du Idiot –

Anfänger –

Einhundertfünf

Nicht deinen Namen hinschreiben, Idiot. Keine Fingerabdrücke hinterlassen, Idiot. Wenn du es klug anstellst, hat das hier nichts mit dir zu tun. Wenn du es vernünftig machst, ist das hier ein Jedermannstext. Und ein Jedermannstext ist ein Niemandstext.

Einhundertfünf

Mein Zimmernachbar hat die Pflegerin geholt.

– 1 Milligramm Tavor.

Draußen brüllt jemand wieder und wieder einen Namen. Ich verstehe ihn nicht. Es ist mein Name –

Und wenn man einfach eines natürlichen Todes sterben dürfte? Ein gnädiger Deal. So, jetzt geht es besser, morgen lachst du, und übermorgen fällst du um –

Habe ich eine tödliche Krankheit –

Ich wünsche ja niemandem den Tod außer mir. Mir wünsche ich ihn, wie ein Kind sich ein super teures Geburtstagsgeschenk wünscht. Ein bisschen gierig, ein bisschen verschämt –

Quatsch. Das ist Quatsch –

Eigentlich willst du das nicht. Du kannst es nur grad nicht nicht wollen –

Ich möchte mein Leben verlieren, wie man einen Schlüsselbund verliert –

Einhundertfünf

– Ich kann nicht mehr.
– Das sind aber schöne Bilder, Herr Maack. Haben Ihre Kinder die gemalt? Wie alt sind sie denn?

Bilder Bilder –

Bilder –

Du hattest doch einen guten Nachmittag, du Arsch. Deine Familie war da und ist wieder gegangen, als sie dir zu anstrengend wurde. Ein Freund war zu Besuch. Du hast Menschen, die sich um dich sorgen. Viele haben niemanden, du Arsch –

Ich habe mich nicht –

Ich habe mich nicht. Auf so einen Scheißgedanken steht die Todesstrafe –

Okay. Salzstangen. Du wirst jetzt Salzstangen essen und deine Anwaltsserie gucken. Salzstangen, Anwaltsserie. Einfach so lange so tun, als würde es dir gut gehen, bis es dir gut geht.

Einhundertsechs

Und los –

Einhundertfünf

Warum gelingt es mir nicht, richtig zu kämpfen? Will ich gar nicht gesund werden? Ich will doch gar nicht gesund werden. Oder nicht genug. Nicht genug? Nicht genug. Nicht gut genug. Wollte ich ein bisschen dramatisch im Krankenhaus sein, ein bisschen dramatisch auf der faulen Haut liegen. Warum schaffe ich es nicht, diese Scheiße wegzukriegen? Kann doch nicht so schwer sein. Ich will ja kämpfen. Komm schon, du Schwächling. Kämpfen. Komm, kämpfen.

Einhundertsechs

– Es ist ganz einfach. Sprechen Sie mir nach.
Es ist ganz einfach. Wir sprechen ihm nach.
Jeder von uns mit einer Trommel zwischen den Schenkeln sprechen wir ihm nach. Alle gemeinsam im Stuhlkreis sprechen wir ihm nach.
– Bammbadabammbudammbammbamm. Und jetzt Sie.
Und dann wir.
– Bammbadabammbadammbammbamm.
– Nein. Nicht ganz. BammbadabammBUUUdammbammbamm.
– BammbadabammBUUUdammbammbamm.
– Genau.
Wir sprechen und trommeln, und es ist wichtig, dass –
Ich habe vergessen, was wichtig ist.
Wir trommeln einen leichten Rhythmus. Erst er, dann wir, dann wieder er, dann wir und so weiter.
So ist die Trommelgruppe.

Erst geht es.
Dann trommle ich daneben, nur ein wenig, nur einen Hauch neben den Schlag.
Ich bin den Bruchteil einer Sekunde zu spät.
Und irgendwas in mir stürzt sich darauf.
Und mir wird klar, was alles schiefgehen kann beim Trommeln.
Dass alles schiefgehen kann beim Trommeln.

Der Rhythmus.
Es gibt genau einen Punkt, an dem ein Schlag richtig ist.
Davor und dahinter sind unendlich viele Möglichkeiten von

falsch, unendlich falsch, falsche Schläge, eine Unendlichkeit falscher Schläge. Und unendlich bedeutet nicht, dass ein Affe, der unendlich lange besinnungslos auf Schreibmaschinentasten herumdrückt, irgendwann ein Stück von Shakespeare tippt. Unendlich bedeutet, dass von unendlich vielen Affen unendlich viele Affen alles von Shakespeare tippen. Die ganze Zeit. Und alles andere, was je getippt wurde und getippt werden wird, und alles, was Shakespeare gern noch geschrieben hätte, und alles, was sich Shakespeare nicht mal hat vorstellen können, alles, was unendlich viel besser ist als alles von Shakespeare, unendlich viel besser als alles, was je geschrieben wurde. Alles, was je geschrieben wurde, ist Mist gegen diese ganzen wunderbaren Affentexte.
BammbadabammBUUUdammbammbamm.
Trommeln ist wie Lotto spielen und darauf vertrauen, dass man hundertmal pro Sekunde den Hauptgewinn kriegt.

Die Lautstärke.
Haut man zu hart drauf, drängt sich jeder Ton in den Vordergrund.
Ist man zu leise, kann man das Mitmachen auch gleich lassen.
Ist die Hand zu träge, boing, erstickt alles, -----.

Der Ton.
Klingt in der Mitte anders als am Rand.
Die flache Hand klingt nicht wie die gewölbte.
Zwei Finger klingen anders als drei, als vier, als einer.
Und zwei von Panik verkrampfte Hände klingen, als würde dich dein Selbsthass die Treppe runterstoßen.

Ich treffe den Ton nicht, den Rhythmus nicht, verhaue die Lautstärke, mache etliche Fehler pro Sekunde, unzählbare Fehler pro Minute.

Es ist unmöglich, zu trommeln.
Der Mensch kann nicht trommeln.
Er ist nicht fürs Trommeln geschaffen.
Oder besser, jeder Mensch kann trommeln, das ist etwas grundlegend Menschliches, nur ich nicht, ich bin der einzige Mensch auf der Welt, der nicht trommeln kann.
Ich bin der einzige Mensch, der kein Mensch ist.
Ich bin das Montagsmodell einer Menschenattrappe und habe aufgehört, zu funktionieren.
Ich bin defekt, ich muss mich unter einem Bett verstecken.
Ich muss in mein Bett und aufhören, zu existieren.
Wenigstens bis zum Abendbrot.
Aber ich kann hier nicht weg.
BammbadabammBUUUdammbammbamm.
Ich muss im Stuhlkreis bleiben.
BammbadabammBUUUdammbammbamm.
Keiner darf merken, dass ich falsch bin, wie unfassbar falsch ich bin.
BammbadabammBUUUdammbammbamm.

– Wenn es Sie anstrengt, wenn Sie nicht mitkommen, wenn Sie nicht in den Rhythmus finden, setzen oder legen Sie sich gern daneben. BammbadabammBUUU –

Sitzen bleiben, Mensch spielen, bis die Trommelgruppe vorbei ist.
Weitertrommeln, immer verkrampfter, immer ängstlicher, immer falscher.
Ich trommle um mein Leben.
Das ist mir klar.
Mir ist klar, dass einer, der nicht trommeln kann, auch sonst nichts kann.

Wie viel ich schon falsch gemacht habe, wie viele neue Fehler auf jeden Moment meines Lebens prasseln.
Weil ich zu dumm bin, zu falsch, um das große Ganze zu erkennen, um das große Ganze auch nur zu erahnen.
Weil das große Ganze sich einen Scheiß interessiert für das kleine Zerbrochene.
Weil ich zu dämlich bin, um zu erkennen, wie mir diese Trommelgruppe helfen kann.
Und ich haue daneben und daneben und daneben.

Einhundertsieben

– Wie geht's Ihnen, Herr Maack?

Einhundertacht

Ich weiß noch, als meine Selbstmordgedanken noch gar keine waren.

– Zäsurwunsch.

Ich habe mir einfach manchmal vorgestellt, wie es wäre, wenn alles aufhört, und da lag kein Schrecken in dem Gedanken. Mit einem tiefen Ausatmen die Lungen leeren. Nicht mit Druck, mit Leichtigkeit. Ein Herausströmen. Ein Schwimmtier nach dem Familienausflug. Die ganze Zeit aufs Äußerste gespannt, die ganze Zeit Druck, Geschrei, Geboxe, Gekämpfe, Gezerre. Und dann ist Abend, und jemand zieht den Stöpsel raus, und –

Einhundertneun

Ich kann nicht denken. Ich kann nicht denken. Ich kann
nicht denken, ich kann nicht denken ich kann nicht denken,
ich kann nichtdenken ich kann nicht denken ich kann nicht
denken ich kannnicht denken ich kann nicht denken ich kann
nicht denken ich kann nicht denken kann nicht denken kann
nicht denken kann nicht denken kann nicht denkenkann
nicht denken kann nicht denken kann nicht denken kann
nicht denken kann nicht denken kann nicht denken kann
nicht denkenkann nicht denken kann nicht denken kann
nicht denken kann nicht denken kann nicht denken kann
nicht denken kannnicht denken kann nicht denken kann
nicht denken kann nicht denken kann nicht denkenkann
nicht denken nicht denken nicht denkennicht denken nicht
denken nicht denken nicht denken nicht denken nicht denken
nicht denken nicht denkennichtdenken nicht denken nicht
denken nicht denken nicht denken nicht denken nicht denken
nicht denken nicht denkennichtdenken nicht denken nicht
denken nicht denken nicht denken nichtdenken nicht denken
nicht denken nicht denkennichtdenkennichtdenken nicht
denken nicht denken nicht denken nicht denken nicht denken
nicht denken nicht denken nicht denken nicht denken nicht
denken nicht denken nich tdenken nicht denken nicht den
kennicht denken nichtdenkennicht denken denken denken
d enk en denken denken d enken denken denken denkenden
kendenken den kendenken denken denkendenken denken
denk en denkendenken d enken denkendenken denkenden
kendenk endenken denken denken denken denken denken
denkendenken den ken denken den kendenken denkenden
ken denkenden kendenken denken denken d e nk en denken
denke n de nken den ken denken den ken denken denken

denken denkendenken denken denkend enk endenkendenke ndenk ende nkend enkend enkendenken denk endenke nden ken denken denken denkende nken denkendenk endenk en denke n denk endenkendenken de nkendenkend enkendenk endenkendenkend enk endenke ndenkenden kende nkenden kende nken

Einhundertzehn

Fuck.

Einhundertelf

Ich ich vergesse ständig Wörter -rter Wört-

Namen N-men

Ständig -ig fehlt irge-endwas.

Ich weiß wei- weiß weiß nicht, wie es mir m- geht.

Ich will –
Dings

Ich will –
Dings

Ich will –
sterben.

Ja. Okay. Egal. Dann ist es eben sterben.

Sterben ist besser als nichts.

Fuck

fuckfuckfuckfuckfuckfuckfuckfuckfuckfuckfuckfuckfuck-
fuckfuckfuckfuckfuckfuckfuckfuckfuckfuckfuckfuckfuck-
fuckfuckfuckfuckfuckfuckfuckfuckfuckfuckfuckfuckfuck-
fuckfuckfuckfuckfuckfuckfuckfuckfuckfuckfuckfuckfuck-
fuckfuckfuckfuckfuckfuckfuckfuckfuckfuckfuckfuckfuck-
fuckfuckfuckfuckfuckfuckfuckfuckfuckfuckfuckfuckfuck-
fuckfuckfuckfuckfuckfuckfuckfuckfuckfuckfuckfuckfuck-
fuckfuckfuckfuckfuckfuckfuckfuckfuckfuckfuckfuckfuck-
fuckfuckfuckfuckfuckfuckfuckfuckfuckfuckfuckfuckfuck-
fuckfuckfuckfuckfuckfuckfuckfuckfuckfuckfuckfuckfuck-
fuckfuckfuckfuckfuckfuckfuckfuckfuckfuckfuckfuckfuck-
fuckfuckfuckfuckfuckfuckfuckfuckfuckfuckfuckfuckfuck-
fuckfuckfuckfuckfuckfuckfuckfuckfuckfuckfuckfuckfuck-
fuckfuckfuckfuckfuckfuckfuckfuckfuckfuckfuckfuckfuck-
fuckfuckfuckfuckfuckfuckfuckfuckfuckfuckfuckfuckfuck-
fuckfuckfuckfuckfuckfuckfuckfuckfuckfuckfuckfuckfuck-
fuckfuckfuckfuckfuckfuckfuckfuckfuckfuckfuckfuckfuck-
fuckfuckfuckfuckfuckfuckfuckfuckfuckfuckfuckfuckfuck-
fuckfuckfuckfuckfuckfuckfuckfuckfuckfuckfuckfuckfuck-
fuckfuckfuckfuckfuckfuckfuckfuckfuckfuckfuckfuckfuck-
fuckfuckfuckfuckfuckfuckfuckfuckfuckfuckfuckfuckfuck-
fuckfuckfuckfuckfuckfuckfuckfuckfuckfuckfuckfuckfuck-
fuckfuckfuckfuckfuckfuckfuckfuckfuckfuckfuckfuckfuck-
fuckfuckfuckfuckfuckfuckfuckfuckfuckfuckfuckfuckfuck-
fuckfuckfuckfuckfuckfuckfuckfuckfuckfuckfuckfuckfuck-
fuckfuckfuckfuckfuckfuckfuckfuckfuckfuckfuckfuckfuck-
fuckfuckfuckfuckfuckfuckfuckfuckfuckfuckfuckfuckfuck-
fuckfuckfuckfuckfuckfuckfuckfuckfuckfuckfuckfuckfuck-
fuckfuckfuckfuckfuckfuckfuckfuckfuckfuckfuckfuckfuck-
fuckfuckfuckfuckfuckfuckfuckfuckfuckfuckfuckfuckfuck-
fuckfuckfuckfuckfuckfuckfuckfuckfuckfuckfuckfuckfuck-
fuckfuckfuckfuckfuckfuckfuckfuckfuckfuckfuckfuckfuck-
fuckfuckfuckfuckfuckfuckfuckfuckfuckfuckfuckfuckfuck-

fuckfuckfuckfuckfuckfuckfuckfuckfuckfuckfuckfuckfuck-
fuckfuckfuckfuckfuckfuckfuckfuckfuckfuckfuckfuckfuck-
fuckfuckfuckfuckfuckfuckfuckfuckfuckfuckfuckfuckfuck-
fuckfuckfuckfuckfuckfuckfuckfuckfuckfuckfuckfuckfuck-
fuckfuckfuckfuckfuckfuckfuckfuckfuckfuckfuckfuckfuck-
fuckfuckfuckfuckfuckfuckfuckfuckfuckfuckfuckfuckfuck-
fuckfuckfuckfuckfuckfuckfuckfuckfuckfuckfuckfuckfuck-
fuckfuckfuckfuckfuckfuckfuckfuckfuckfuckfuckfuckfuck-
fuckfuckfuckfuckfuckfuckfuckfuckfuckfuckfuckfuckfuck-
fuckfuckfuckfuckfuckfuckfuckfuckfuckfuckfuckfuckfuck-
fuckfuckfuckfuckfuckfuckfuckfuckfuckfuckfuckfuckfuck-
fuckfuckfuckfuckfuckfuckfuckfuckfuckfuckfuckfuckfuck-
fuckfuckfuckfuckfuckfuckfuckfuckfuckfuckfuckfuckfuck-
fuckfuckfuckfuckfuckfuckfuckfuckfuckfuckfuckfuckfuck-
fuckfuckfuckfuckfuckfuckfuckfuckfuckfuckfuckfuckfuck-
fuckfuckfuckfuckfuckfuckfuckfuckfuckfuckfuckfuckfuck-
fuckfuckfuckfuckfuckfuckfuckfuckfuckfuckfuckfuckfuck-
fuckfuckfuckfuckfuckfuckfuckfuckfuckfuckfuckfuckfuck-
fuckfuckfuckfuckfuckfuckfuckfuckfuckfuckfuckfuckfuck-
fuckfuckfuckfuckfuckfuckfuckfuckfuckfuckfuckfuckfuck-
fuckfuckfuckfuckfuckfuckfuckfuckfuckfuckfuckfuckfuck-
fuckfuckfuckfuckfuckfuckfuckfuckfuckfuckfuckfuckfuck-
fuckfuckfuckfuckfuckfuckfuckfuckfuckfuckfuckfuckfuck-
fuckfuckfuckfuckfuckfuckfuckfuckfuckfuckfuckfuckfuck-
fuckfuckfuckfuckfuckfuckfuckfuckfuckfuckfuckfuckfuck-
fuckfuckfuckfuckfuckfuckfuckfuckfuckfuckfuckfuckfuck-
fuckfuckfuckfuckfuckfuckfuckfuckfuckfuckfuckfuckfuck-
fuckfuckfuckfuckfuckfuckfuckfuckfuckfuckfuckfuckfuck-
fuckfuckfuckfuckfuckfuckfuckfuckfuckfuckfuckfuckfuck-
fuckfuckfuckfuckfuckfuckfuckfuckfuckfuckfuckfuckfuck-
fuckfuckfuckfuckfuckfuckfuckfuckfuckfuckfuckfuckfuck-
fuckfuckfuckfuckfuckfuckfuckfuckfuckfuckfuckfuckfuck-

fuckfuckfuckfuckfuckfuckfuckfuckfuckfuckfuckfuckfuck-
fuckfuckfuckfuckfuckfuckfuckfuckfuckfuckfuckfuckfuck-
fuckfuckfuckfuckfuckfuckfuckfuckfuckfuckfuckfuckfuck-
fuckfuckfuckfuckfuckfuckfuckfuckfuckfuckfuckfuckfuck-
fuckfuckfuckfuckfuckfuckfuckfuckfuckfuckfuckfuckfuck-
fuckfuckfuckfuckfuckfuckfuckfuckfuckfuckfuckfuckfuck-
fuckfuckfuckfuckfuckfuckfuckfuckfuckfuckfuckfuckfuck-
fuckfuckfuckfuckfuckfuckfuckfuckfuckfuckfuckfuckfuck-
fuckfuckfuckfuckfuckfuckfuckfuckfuckfuckfuckfuckfuck-
fuckfuckfuckfuckfuckfuckfuckfuckfuckfuckfuckfuckfuck-
fuckfuckfuckfuckfuckfuckfuckfuckfuckfuckfuckfuckfuck-
fuckfuckfuckfuckfuckfuckfuckfuckfuckfuckfuckfuckfuck-
fuckfuckfuckfuckfuckfuckfuckfuckfuckfuckfuckfuckfuck-
fuckfuckfuckfuckfuckfuckfuckfuckfuckfuckfuckfuckfuck-
fuckfuckfuckfuckfuckfuckfuckfuckfuckfuckfuckfuckfuck-
fuckfuckfuckfuckfuckfuckfuckfuckfuckfuckfuckfuckfuck-
fuckfuckfuckfuckfuckfuckfuckfuckfuckfuckfuckfuckfuck-
fuckfuckfuckfuckfuckfuckfuckfuckfuckfuckfuckfuckfuck-
fuckfuckfuckfuckfuckfuckfuckfuckfuckfuckfuckfuckfuck-
fuckfuckfuckfuckfuckfuckfuckfuckfuckfuckfuckfuckfuck-
fuckfuckfuckfuckfuckfuckfuckfuckfuckfuckfuckfuckfuck-
fuckfuckfuckfuckfuckfuckfuckfuckfuckfuckfuckfuckfuck-
fuckfuckfuckfuckfuckfuckfuckfuckfuckfuckfuckfuckfuck-
fuckfuckfuckfuckfuckfuckfuckfuckfuckfuckfuckfuckfuck-
fuckfuckfuckfuckfuckfuckfuckfuckfuckfuckfuckfuckfuck-
fuckfuckfuckfuckfuckfuckfuckfuckfuckfuckfuckfuckfuck-
fuckfuckfuckfuckfuckfuckfuckfuckfuckfuckfuckfuckfuck-
fuckfuckfuckfuckfuckfuckfuckfuckfuckfuckfuckfuckfuck-
fuckfuckfuckfuckfuckfuckfuckfuckfuckfuckfuckfuckfuck-
fuckfuckfuckfuckfuckfuckfuckfuckfuckfuckfuckfuckfuck-
fuckfuckfuckfuckfuckfuckfuckfuckfuckfuckfuckfuckfuck-
fuckfuckfuckfuckfuckfuckfuckfuckfuckfuckfuckfuckfuck-

fuckfuckfuckfuckfuckfuckfuckfuckfuckfuckfuckfuckfuck-
fuckfuckfuckfuckfuckfuckfuckfuckfuckfuckfuckfuckfuck-
fuckfuckfuckfuckfuckfuckfuckfuckfuckfuckfuckfuckfuck-
fuckfuckfuckfuckfuckfuckfuckfuckfuckfuckfuckfuckfuck-
fuckfuckfuckfuckfuckfuckfuckfuckfuckfuckfuckfuckfuck-
fuckfuckfuckfuckfuckfuckfuckfuckfuckfuckfuckfuckfuck-
fuckfuckfuckfuckfuckfuckfuckfuckfuckfuckfuckfuckfuck-
fuckfuckfuckfuckfuckfuckfuckfuckfuckfuckfuckfuckfuck-
fuckfuckfuckfuckfuckfuckfuckfuckfuckfuckfuckfuckfuck-
fuckfuckfuckfuckfuckfuckfuckfuckfuckfuckfuckfuckfuck-
fuckfuckfuckfuckfuckfuckfuckfuckfuckfuckfuckfuckfuck-
fuckfuckfuckfuckfuckfuckfuckfuckfuckfuckfuckfuckfuck-
fuckfuckfuckfuckfuckfuckfuckfuckfuckfuckfuckfuckfuck-
fuckfuckfuckfuckfuckfuckfuckfuckfuckfuckfuckfuckfuck-
fuckfuckfuckfuckfuckfuckfuckfuckfuckfuckfuckfuckfuck-
fuckfuckfuckfuckfuckfuckfuckfuckfuckfuckfuckfuckfuck-
fuckfuckfuckfuckfuckfuckfuckfuckfuckfuckfuckfuckfuck-
fuckfuckfuckfuckfuckfuckfuckfuckfuckfuckfuckfuckfuck-
fuckfuckfuckfuckfuckfuckfuckfuckfuckfuckfuckfuckfuck-
fuckfuckfuckfuckfuckfuckfuckfuckfuckfuckfuckfuckfuck-
fuckfuckfuckfuckfuckfuckfuckfuckfuckfuckfuckfuckfuck-
fuckfuckfuckfuckfuckfuckfuckfuckfuckfuckfuckfuckfuck-
fuckfuckfuckfuckfuckfuckfuckfuckfuckfuckfuckfuckfuck-
fuckfuckfuckfuckfuckfuckfuckfuckfuckfuckfuckfuckfuck-
fuckfuckfuckfuckfuckfuckfuckfuckfuckfuckfuckfuckfuck-
fuckfuckfuckfuckfuckfuckfuckfuckfuckfuckfuckfuckfuck-
fuckfuckfuckfuckfuckfuckfuckfuckfuckfuckfuckfuckfuck-
fuckfuckfuckfuckfuckfuckfuckfuckfuckfuckfuckfuckfuck-
fuckfuckfuckfuckfuckfuckfuckfuckfuckfuckfuckfuckfuck-
fuckfuckfuckfuckfuckfuckfuckfuckfuckfuckfuckfuckfuck-
fuckfuckfuckfuckfuckfuckfuckfuckfuckfuckfuckfuckfuck-
fuckfuckfuckfuckfuckfuckfuckfuckfuckfuckfuckfuckfuck

Einhundertdreizehn

Einhundertvierzehn

Ich sehe die Zusammenbrüche nicht kommen. Das Wiederweinen, Wiederkrämpfe, Wiederselbsthass, wieder Tavor. Ein komischer Blick von einem Fremden, eine uneindeutige SMS, ein unüberlegter Nebensatz. Ich merke das gar nicht, irgendwas fühlt sich irgendwo komisch an, und –

es geht los.

Einhundertfünfzehn

Und irgendwo –

Einhundertsechzehn

Und irgendwo in meinem Kopf oder meinem Körper geht es los. Ich merke das gar nicht. Habe ich was falsch gemacht? Ich hab doch was falsch gemacht. Ich merke das gar nicht. Ich denke das nicht mal. Das denkt sich von selbst. Habe ich was falsch gemacht? Bestimmt habe ich was falsch gemacht, natürlich habe ich was falsch gemacht. Bestimmt reden sie gerade über mich, bestimmt reden sie gerade darüber, was ich falsch gemacht habe, was für ein schlechter Mensch ich bin, was natürlich daran liegt, dass ich ein schlechter Mensch bin, ich bin so ungeheuer schlecht, kaum menschlich, nicht liebenswert, nicht lebenswert, ungeheuer, ich muss sterben, ich bin so schlecht, dass ich sterben muss, ich weiß, ich darf mich nicht umbringen, weil ich dann auch noch ein schlechter Patient bin, ich bin ein schlechter Patient, ich bin ein so schlechter Patient, dass ich dafür bestraft werden muss, keiner außer mir weiß, dass ich so schlecht bin, ich muss mich selbst bestrafen, wenigstens das könnte ich doch hinkriegen, wenigstens ein bisschen was hinkriegen, ein bisschen helfen, ein bisschen hilfreich sein in dieser ganzen Scheiße, die ich hier allen zumute, weil ich so unglaublich schlecht bin, keiner weiß, wie abgrundtief schlecht ich bin, deshalb muss ich mich so hart bestrafen, wie es hinterher keiner fassen kann, keiner wird verstehen, dass ich mich so hart bestrafe, sie werden denken, das ist ein Fehler, und wenn sie denken, es ist ein Fehler, ist es auch ein Fehler, weil ich so unrecht habe, dass jeder andere alles Recht der Welt hat, ich muss mich bestrafen, dafür, dass ich so unglaublich schlecht bin, und dafür, dass es ein Fehler ist, dass ich mich bestrafe. Ich muss mich umbringen.

Einhundertsiebzehn

Es gibt ein Foto von mir und Theo. Er ist noch gar nicht Theo, noch nicht richtig, er ist noch ein Baby, noch eine Idee von einem Menschen, erst ein paar Wochen alt. Ein Bündel von Bedürfnissen. Das ist, lange bevor ich das erste Mal in die Klinik gehe. Ich bin gesund. Ich sitze auf einem Stuhl in der Küche und drücke dieses Baby ganz fest an mich, drücke seine kleine Faust an meine Lippen und schaue ins Nichts.

Der Typ auf dem Foto sieht einfach nicht aus, als würde er seinen Sohn halten. Er sieht aus, als würde er sich an ihm festhalten. Er sieht aus, als wäre das Baby sein Griff am Leben oder am Glück. Als würde er das Baby als Griff benutzen. Missbrauchen. Er sieht aus, als hätte er schon damals die Leere kommen sehen, die jetzt in mir ist. Warum habe ich Theo nicht festgehalten? Warum habe ich ihn nicht festhalten können? Ich hätte ihn doch festhalten müssen.

Einhundertachtzehn

Und irgendwo –

Hundertneunzehn

– Hast du Kinder?
– Ja.
– Und? Kontakt?

Einhundertzwanzig

Manchmal spüre ich, wie meine Hände zu Fäusten werden und auf meinen Kopf einschlagen wollen, bis ich Blut schmecke. Es ist so ein gutes Gefühl, so entschieden. Die dumpfe Erschütterung im Schädel, das helle Geräusch dazu und die Wachheit, das Vollkommen-da-Sein und die Helligkeit direkt danach, wie sie zu einem leisen Brennen, zu einer zufriedenen Dumpfheit in alle Richtungen ausläuft.

Einhunderteinundzwanzig

Alles, was ich hinschreibe, wird auf dem Papier zu Geschichten und Pointen. Sprache ist nicht gemacht, um Dämonen vorzuführen. Wir nennen das Licht, das in manchen Nächten den Himmel zerreißt, Blitz und das Brüllen, das ihm folgt, Donner. Zwei Worte, zwei Geräusche wie das Schließen von Aktenschrankschubladen.

Am schlimmsten sind die Bilder.

Bilder
Bilder Bilder
Bilder Bilder Bilder

Einhundertzweiundzwanzig

Natürlich hatten Sie niemals Säure in den Venen, ich ja auch nicht, mit der sich langsam jede Ihrer Zellen vollsaugt, und alles brennt, alles steht in Flammen. Natürlich hatten Sie nie Angst, dass diese Säure in Ihr Gehirn sickert, ich ja auch nicht, langsam, aber sicher, dass die Säure längst in ihrem Hirn ist, dort eindringt, aufgesogen wird und schon Ihr Wesen verätzt, immer weiter, bis Ihre Gedanken Ruinen, bis Ihre Augen stumpfe Fenster sind, durch die Ihre Unpersönlichkeit, Ihr Nichts in das andere Nichts schaut, das es immer noch Welt nennt.

Ich habe Säure in den Venen. Schon oft und immer wieder. Manchmal monatelang. Säure, die in jede meiner Zellen eindringt und langsam in mein Gehirn, die langsam, aber sicher in mein Hirn steigt und schon mein Wesen verätzt, immer weiter, bis meine Gedanken Ruinen, bis meine Augen stumpfe Fenster sind, durch die meine Unpersönlichkeit, mein Nichts in das andere Nichts schaut, das ich Welt nenne, ohne Beweise dafür zu haben.
Wisch und zisch.

Einhundertdreiundzwanzig

fu
ckfuckfuc
kfuckfuckfuckfu
ckfuckfuckfuckfuckfu
ckfuckfuckfuckfuckfu
ckfuckfuckfuckfuckfu
ckfuckfuckfuckfuckfu

Einhundertvierundzwanzig

Tipp aus einem Buch über die Behandlung von Depressionen. ›Stellen Sie sich vor, dass es anderen schlechter geht.‹

Einhundertfünfundzwanzig

Vor zwei Jahren halte ich in Karlsruhe bei einer Preisverleihung eine kurze Rede. Sie handelt davon, warum ich so lange nichts veröffentlicht habe. Ich spreche über meine Depressionen, darüber, wie lange es gedauert hat, wie ich aber wieder gesund geworden bin, wie ich den Weg zurück zum Wieder-okay-Sein gefunden habe. Wenn ich mich heute hören würde, würde ich versuchen, den Typen zu treffen, ich würde ihn bitten, mir zu helfen. Mir zu sagen, was ich tun soll. Gibt ihn aber nicht mehr. Und ich weiß nicht mal, was mit ihm passiert ist, ich weiß nicht, wann er verschwunden ist. Er hat auch keine Nachricht hinterlassen, ob er plant, wiederzukommen.

Einhundertsechsundzwanzig

Während ich in der Klinik bin, bringen sich zwei oder drei bekannte Musiker um. Wieder und wieder höre ich mir ihre Alben an, suche nach Anhaltspunkten, nach Ähnlichkeiten.

Einhundertsiebenundzwanzig

Das Finale von *Team Ninja Warrior*. Wir haben die Nachtschwester gefragt und dürfen heute ein bisschen länger fernsehen. Normal ist zweiundzwanzig Uhr dreißig Schluss. Wir sitzen dicht nebeneinander auf den beiden schwarzen Kunstledercouchen, ein paar in zweiter Reihe auf Stühlen. Um halb zehn hole ich wie immer meine Nachtmedikation. Normalerweise gehe ich danach ins Bett. Aber das Finale will ich auf keinen Fall verpassen.
Ich weiß nicht mehr, wer gegeneinander antritt. Eigentlich weiß ich fast nichts mehr von dem Abend. Ich weiß noch, wie ich mich nach hinten drehe und irgendwas zu einer Mitpatientin sage. Und mitten im Satz –

kann ich nur noch lallen. Der Satz findet sein Ende nicht mehr. Mir wird schwindlig. Mein Kopf fängt an, auf meinen Schultern hin- und herzuwackeln. Ich lalle –

– Quetiapin?, lalle ich zu der Mitpatientin neben mir und spüre, wie mein tauber Verstand in dem Körper, der bis eben noch sein Körper war, panisch wird.
Sie lächelt und rückt ein bisschen näher, damit ich nicht zur Seite kippe. Jetzt kenne ich die Wirkung von Quetiapin, denke ich.
– Ich glaube, das ist das Quetiapin, stammle ich noch mal zu meiner Sitznachbarin und weiß nicht, ob sie mich versteht.
Sie nickt.

Ich bin mir nicht sicher, ob ich etwas Verständliches gesagt habe. Ich glaube nicht, dass ich Quetiapin rausgebracht habe. Ich weiß nicht, wie oft ich an diesem Abend noch etwas zu ihr sage. Mir ist jedenfalls klar, dass ich das Finale zu Ende sehen muss. Alle paar Sekunden kippt mein Kopf nach hinten, alle paar Sekunden schlafe ich ein. Was mach –

Finale. Logo.

Als die Show vorbei ist und der Fernseher aus, sitze ich auf dem Sofa und schaue auf meine Sachen. Ich weiß nicht mehr, ob noch andere im Zimmer sind. Aber ich sitze da und sehe meine Sachen an, den Stickrahmen mit Britneys Gesicht, die zwei Papiertüten voller Garn und Nadeln. Die kann ich nicht mitnehmen, denke ich. Das ist ein logischer, ein normaler Gedanke in dieser Situation. Ich weiß ja noch nicht einmal, ob ich aufstehen kann, denke ich. Dann denke ich, du wirst dich jetzt vorbeugen und dein Stickzeug nehmen, Britney, die Nadeln, das ganze Zeug. Du wirst damit aufstehen und mit all den Sachen in den Händen lang hinschlagen. Das ist bescheuert, das merke ich. Ich korrigiere den Gedanken. Du wirst jetzt deine Sachen nehmen, die voller spitzer Nadeln sind, du wirst aufstehen und mit den ganzen Nadeln vor der Brust lang hinschlagen.

Ich glaube, irgendjemand fragt, ob ich Hilfe brauche.

– Nein –
danke.

Dann nehme ich meine Sachen, Britney und die Nadeln, und wanke das alles vor der Brust ins Zimmer. Ganz den Gang runter, letzte Tür links.

Einhundertachtundzwanzig

Durchbruch. Ich gehe spazieren. Die Sonne scheint.
Ich höre das neue Album von Kanye West.
Ich glaube, ich hatte einen Durchbruch.
Kanye ruft in meine Kopfhörer.

Das ist meine Superkraft!
Das ist keine Behinderung!!
Ich bin ein Superheld!!!
Ich bin ein Superheld!!1!

– Scham ist kein hilfreiches Gefühl, sagt der Arzt.
Wenn es mir schlecht geht und das Gefühl dahinter ist Scham, soll ich mich nicht weiter drum kümmern.
Ich schaue mich um, ob kein anderer in Sichtweite ist, und mache alberne Tanzschritte auf dem Waldweg. Ich springe auf die Parkbänke und balanciere über die Baumstämme, die links und rechts am Wegrand liegen. Ich gebe den Bienen Zuckerrübensirup, für den sie sich nicht interessieren. Eine bleibt in dem zähen Schwarz hängen. Ich befreie sie und weiß nicht, ob sie das mit ihren verklebten Flügeln je wieder hinkriegt.
Überschwänglich grüße ich die Patientin einer anderen Station, die mir über die Wochen ans Herz gewachsen ist.
– Schönes Wochenende, sagt sie.
– Aber wir sind doch beide hier!
– Sind Sie kein Arzt?
– Nein!
– Ich dachte immer, Sie wären Arzt.
– Nein! Wir sind beide Patienten!, rufe ich und winke ihr lachend zu.

Einhundertneunundzwanzig

Tev ist die Abkürzung für Tagesexpositionsversuch. Das bedeutet, man geht morgens los und kommt abends zurück auf die Station.
Nev heißt Nachtexpositionsversuch. Das bedeutet, dass man in vollkommener Finsternis nackt von einem Hubschrauber ins Dickicht eines großen Waldes hinuntergelassen wird und bis neun Uhr am Morgen zurückgefunden haben muss. Sonst gibt es kein Frühstück und nie wieder Tabletten.

Einhundertdreißig

Tev. Es ist brutal gutes Wetter. Wir gehen auf einen Schrebergartenflohmarkt. Friederike und ich sitzen auf einer Bank, trinken Kaffee und balancieren Pappteller mit dicken Scheiben Rührkuchen auf unseren Beinen. Das Wetter ist brutal gut, und die Kinder spielen auf dem Spielplatz. Theo und ein anderer Junge geben einander abwechselnd auf einem Karussell so heftig Schwung, dass sie beinahe runterfliegen. Wolf klettert immer wieder auf einen für Anderthalbjährige viel zu hohen Spielplatzholzturm und rutscht laut lachend die viel zu steile Rutsche herunter. Der Himmel ist brutal blau, und der Rasen, die Büsche, die Baumkronen, das alles ist brutal satt, brutal grün. Man sieht kein Haus, nur die ordentlichen, kleinen Holzhäuschen, nur Grün und Blau und Holzhäuschen, nur glückliche Menschen.

Ich schaue in den Himmel, Kuchen im Mund, und denke – nichts. Gar nichts. Ich fühle nichts. Nichts wegen dem Himmel, nichts wegen dem Grün, wegen den anderen Menschen, wegen Friederike, wegen Theo, wegen Wolf. Ich gucke in diese Welt, und sie wirkt wie mit irgendwas überzogen, mit einer Nanoversiegelung, die mich an dieser so sauberen, schönen, richtigen, die mich an der Welt all der Menschen, die so sauber, schön und richtig sind, abperlen lässt.

Ich perle ab und fließe ins Bodenlose. Nein, das wünsche ich mir nur. Ich bin ja in dieser Welt, die für mich nur die Oberfläche einer Welt sein kann, die sich für mich nicht wie eine Welt anfühlt und sich niemals öffnen wird. Ich bin hier irgendwo verkantet, abgeschottet und ferngehalten und betrachte verständnislos das Miteinander von allem anderen. Diese karussellhafte Harmonie, diese märchenhafte Folgerichtigkeit.

Und jeder weitere Gedanke fügt sich an dieses Bild. Und ich

spüre, wie es fest wird, wie es Raum greift. Dann denke ich nicht mehr, dann beginnen die Gedanken, sich selbst zu denken, reden wild durcheinander. Und ich hänge an ihren Lippen. Ich glaube ihnen jedes Wort.
Sie wissen, dass ich hier nicht hingehöre. Sie wissen, dass ich hier rausmuss, dass ich mich hier selbst rauswerfen muss. Meine Gedanken rasen. Mein Körper dreht durch, und ich versuche zugleich, mir nichts anmerken zu lassen. Wenigstens das. Ich atme schwer, mein Herz -------, Tränen stehen in meinen Augen, ich wippe nervös mit den Beinen, ich glaube, dass nackte Panik mein Gesicht verzerrt. Jetzt kann endlich jeder sehen, dass ich kein Mensch bin, jetzt ist endlich alles zu Ende. Aber Friederike lächelt mich an, Kuchen im Mund, und sagt irgendwas, und ich sage irgendwas.

Das kann nicht sein.

Für Friederike und die Kinder bin ich der Benjamin, den sie kennen, während der Benjamin, der ich bin, und die Gedanken, die ich längst nicht mehr stoppen kann, ein wütendes Chaos in mir anrichten. Jetzt nicht weinen. Ruhig atmen. Nicht weinen. Einatmen. Ausatmen. Bis mein Kopf eine Mulde findet, in der er sich zusammenrollen kann.
Ich muss hier raus. Das ist einfach. Das ist alles. Ich muss raus, und dann ist es geschafft. Ich muss sterben. Am besten sofort. Weil ich mich dieser Welt aus dem Weg schaffen muss, weil es für diesen Benjamin keinen Platz in ihr gibt, weil ich nicht mehr weiß, wie lange ich es aushalte. Weil ich spüre, dass ich es bald nicht mehr aushalte.

– Können wir gleich noch Boot fahren?, fragt Theo.
Friederike sagt etwas und sieht mich an.

– Entschuldige. Was hast du gesagt?
– Wollen wir gleich noch Tretboot fahren?, wiederholt Friederike. Dann fragt sie noch etwas. Und ich lächle und antworte irgendwas.

Und dann gehen wir zum See. Und ich lächle mehr. Das Lächeln auf meinem Gesicht ist jetzt ganz gut eingefroren. Und irgendwann sitzen wir im Boot auf dem hübschen See. Friederike und Theo treten, Wolf sitzt auf meinem Schoß. Und ich denke, ich kann ihn jetzt nicht halten. Aber ich halte den warmen, kleinen Körper, und ich vergrabe meine Nase in seinen Haaren und atme seinen Geruch ein. Und ich denke, geht halt nicht. Wird halt nicht passieren. Du hast zwei Kinder, es wird sich nicht umgebracht. Friederike würde bestimmt sehr traurig sein. Aber sie ist toll. Sie ist ----- ----- --------. Sie würde bestimmt einen neuen Mann finden, mit dem sie genauso glücklich oder unglücklich ist wie mit mir.

Nein, so war es nicht. So war es irgendwann später.

An diesem Tag sitzen wir im Boot auf dem hübschen See. Friederike und Theo treten, Wolf sitzt auf meinem Schoß. Und ich bin ein wenig genervt davon, dass Wolf auf mir sitzt, aber auch froh, dass ich nicht allein bin. Und dann erinnere ich mich an einen Ratschlag des Arztes. Ich packe mir dieses Ding, das mich mit aller Macht aus der Welt drängt, und nenne es Gefühl und schaue es ganz genau an und verfolge es zurück zu seinem Ursprung, zurück zur Kindheit des Gefühls, und ich weiß, wie es angefangen hat.

Einhunderteinunddreißig

– Einige Minuten bevor wir auf der Bank beim Spielplatz saßen, war Theo ein bisschen schlecht gelaunt.
– Und irgendwie, ohne dass ich es bemerkt habe, habe ich mir die Schuld an seiner schlechten Laune gegeben.
– Und irgendwie wurde daraus dann der Gedanke, dass ich ein schlechter Vater bin.
– Und wer ein schlechter Vater ist, gehört nicht in diese Welt.
– Und wer nicht in diese Welt gehört, muss sterben.
– Ist doch vollkommen klar. Nee, ist vollkommener Quatsch natürlich.
– Und ich sitze im Boot und denke, wie albern alles ist.
– Wie albern ich bin.
– Albern und lebendig und Patient in einer Psychiatrie.

Einhundertzweiunddreißig

– Na, geht's gut, Herr Maack?

Einhundertdreiunddreißig

– Eine Scheinwelt, sagt mein Zimmernachbar und guckt aus dem Fenster.
Fichten und Ahornbäume stehen da, umringen die Blutbuche. Es ist warm. Der Himmel ist wolkenlos. Leute auf Gartenstühlen und Handtüchern, Geschrei aus dem Klinikkindergarten, und ich verstehe nicht, was er meint.
– Alles so abgetrennt von der Realität hier, sagt er, und ich denke, dass das Einzige, was zwischen uns und der Realität steht, unsere Köpfe sind. Jeder Kopf. Die Köpfe von allen. Dass unsere Köpfe Abspielgeräte für die Realität sind. Und jeder sieht und spürt und hört und fühlt, was sein Kopf gerade wahrnimmt. Und ich denke, dass mein Kopf gerade ein ziemlich mieses Abspielgerät ist, dass mein Kopf alles schlimm und verzweifelt und als Albträume missversteht. Und dass ein Gedanke wie dieser in einem Liebesfilm oder einer Coming-of-Age-Komödie der Wendepunkt für den Helden wäre, der Moment, in dem alles gut wird, der Moment, in dem Florian David Fitz klar wird, was das Richtige ist.

Einhundertvierunddreißig

Ich stehe vor dem Zimmer der Pflege. Meine Augen sind rot, mir läuft Schnodder aus der Nase.
– Herr Maack, ist alles in Ordnung?
Ich bringe kein Wort raus, aus Scham, weil ich versagt habe, weil die Kontrolle über mich weg ist und ich nicht weiß, wohin, weil ich Angst habe, dass lautes Gebrüll herauskommt, wenn ich den Mund öffne.
– Herr Maack?
Dass ich dann weg bin und nur noch das da ist, was in mir tobt, weil ich glaube, dass nur noch die dünne Haut um den Kopf und den Körper zurückhält, was da rausplatzen und nichts mehr von mir übrig lassen will.
– Kommen Sie mal rein, und setzen Sie sich.
Die Pflegerin ist freundlich. Ich winde mich auf dem Stuhl. Alle meine Muskeln sind hart, im Nacken, in den Armen, Beinen, Bauch, Gesicht, wie eine Schutzschicht, wie um das, was da drin ist, zurückzuhalten. Ich starre ins Nichts zwischen Tisch und allem anderen.
– Ich möchte,
sage ich,
– mir,
presse ich hervor und ziehe zischend Luft ein,
– wehtun.
Und auf einmal bricht ein Weinen aus mir heraus, das ein Heulen und Schreien ist. Ein paar Mal gelingt es mir noch, es nicht zu tun, dann schlage ich immer wieder meinen Kopf gegen den Tresen neben mir. Es tut sehr gut.
– Das machen wir aber nicht, Herr Maack, sagt eine andere Pflegerin und legt eine Hand auf die Stelle, gegen die ich meinen Kopf geschlagen habe.

– 1 Milligramm Tavor.
Das ist ein Wundermittel gegen Angst- und Panikzustände. 1 Milligramm von der schnell wirkenden Sorte unter die Zunge, und nach zehn Minuten richtest du dich wieder auf, und alles ist vorbei.
Heute nicht. Ein Arzt wird gerufen. Er ist jung, jünger als ich. Das finde ich immer merkwürdig, zu sehen, was man auch mit seinem Leben gemacht haben könnte. Er sieht freundlich aus. Wie jemand, mit dem man ein Bier trinken gehen würde. Er sagt irgendwas. Noch mal.
– 2,5 Milligramm Tavor.
Bei mir wirkt es heute nicht.
– Herr Maack?, sagt der Arzt, er ist jung, er sieht freundlich aus. Vielleicht würden wir uns wirklich gut verstehen, wenn er nicht mein Notfallarzt wäre und ich nicht irgendein Patient in der Psychiatrie, der gerade durchdreht.
– Ich glaube, wir verlegen Sie mal besser.
Verlegen? Wohin? In die Geschlossene? In die Geschlossene? Ich –
– 2,5 Milligramm Tavor.
– Nach unten?, frage ich.
– Alles gut, Herr Maack.
– Ich habe Angst, stammle ich. Mehr Tränen, mehr Rotz.
– Alles in Ordnung, Herr Maack.

Zwei Pfleger mit haarigen Armen fahren mein Bett vor die Tür. Die nehmen einfach mein Bett und fahren das aus meinem Zimmer. Die holen einfach mein Bett raus.
– So, da ist schon Ihr Bett. Dann legen Sie sich mal rein. Wir bringen Sie nach unten.
Ich werde aus der Station gerollt. Ich werde in den Fahrstuhl gerollt. Ich weine still. Irgendwas in mir möchte einen Witz

machen. Aber es geht nicht. Irgendwas in mir denkt, hier beginnt etwas Neues, wenn das passiert ist, geht es nie mehr weg. Sie schieben mich zur Geschlossenen, mit einem klimpernden Schlüsselbund schließen sie die Tür auf, schieben mich durch fensterlose Gänge, schließen noch eine Tür auf. Noch eine Tür. Eine Geschlossene hinter der Geschlossenen. Ein Pfleger kommt.
– Geben Sie mir bitte Ihren Gürtel. Haben Sie ein Handy dabei?
– Ja.
– Das geben Sie mir bitte auch.
Er bringt mich in ein Zimmer.
– Können Sie mir versprechen, dass Sie sich nichts antun?
Ich starre ihn an. Ich habe gerade meinen Gürtel und mein Telefon abgegeben, ich stehe in einem Selbstmördergefängnis. Ich starre ihn an, regungslos, weil er mir gerade eine unendlich komplizierte Frage gestellt hat. Was soll man darauf antworten? Er schließt die Tür zum Bad ab. Er lässt die Zimmertür offen stehen.
– Dann lassen wir lieber erst mal die Tür auf. Wenn Sie auf Klo müssen, sagen Sie vorne Bescheid.

Ich denke nach. Oder das, was gerade Nachdenken ist. Will ich mich eigentlich umbringen? Der Pfleger kommt zurück.
– Mehr Tavor.
Bedeutet mir wehtun mich umbringen?
Mich umbringen. Mich umbringen. Ach ja.
Ich gehe zum Raum der Pflege, er ist schräg gegenüber von meinem Zimmer. Ich schaue über ein hochklappbares Tresenbrett im Türrahmen in ihr Zimmer. Alle sind beschäftigt.
– Entschuldigen Sie, sage ich leise, niemand bemerkt mich. Ich bin ein Geist, nur durch Luftzüge und flüchtige Reflexionen mit der echten Welt verbunden.

– Entschuldigen Sie bitte. Jetzt gucken plötzlich alle. Sie gucken mich an, als würden sie sich fragen, wer ich bin.
– Ich wollte nur sagen, ich kann mich gar nicht umbringen. Ich hab ja zwei Kinder.
Die Pflege schaut mich an, als würde sie sich fragen, was das im Türrahmen mit ihr zu tun haben soll. Als würde sie sich fragen, was dieser Satz mit irgendwas zu tun hat.
– Ich meine, ich kann versprechen, dass ich mir nichts antue.
– Okay, sagt jemand, es klingt wie ›Nerv nicht‹, und ich gehe zurück in mein Zimmer. In das Zimmer. Die Badezimmertür bleibt abgeschlossen. Die Zimmertür bleibt offen. Zumindest wird kein Tavor mehr gebracht.

Ich bin voll mit Tavor und immer noch nicht abgeschossen. Ich laufe im Zimmer auf und ab, zwanzig Mal hin, zwanzig Mal her, dann auf den Boden, Sit-ups, bis ich nicht mehr kann, Liegestütze, bis ich nicht mehr kann. Und wieder von vorn.
Irgendwann kommt ein Mann herein und stellt sich vor.
– Guten Abend. Ich bin Doktor Daniel, und Ihr Name ist?
– Benjamin Maack, hallo.
Er reicht mir die Hand, ich ergreife sie.
– Geht es Ihnen gut?
– Nicht so richtig.
– Kann ich etwas für Sie tun?
– Nein, danke.
– Brauchen Sie vielleicht eine zweite Decke oder ein zweites Kopfkissen?
– Nein, danke.
– Gut, Herr Maack, ich sehe, Sie haben gerade zu tun, ich komme nachher noch mal vorbei. Dann gehen wir zusammen fliegen.

Es dauert lange, bis ich müde werde. Es ist erstaunlich, was ein Körper mitmacht, wenn der Kopf ihm nichts vorschreibt. Irgendwann ziehe ich meine Hose aus und lege mich ins Bett. Ich bilde mir ein, dass ich noch in einem Buch gelesen habe. *Das Buch der Unruhe* von Fernando Pessoa. Aber ich kann mir das im Nachhinein kaum vorstellen. Hätte ich ein Buch mitnehmen dürfen? Hätte ich ein Buch mitgenommen, wenn ich eins hätte mitnehmen dürfen? Hätte ich lesen können?

Am nächsten Morgen kommt ein Pfleger.
– Herr Maack, Sie haben das Frühstück verpennt.
– Hat mich jemand geweckt?
– Wir sind hier kein Hotel, Herr Maack.
– Aber ich habe keinen Wecker.
Ich glaube nicht, dass das wirklich passiert ist, aber genauso war es.

Am späten Nachmittag steht der Arzt von oben in der Tür. Ich glaube, ich habe den ganzen Tag geschlafen, vielleicht habe ich aber auch in dem Buch gelesen, das ich gar nicht hatte. Der Arzt stellt mir ein paar Fragen, die ich vergessen habe, und ich darf zurück auf meine Station.

Mitpatienten, die mich umarmen.

Einhundertfünfunddreißig

– Ich hätte nie gedacht, dass ich mal in der Geschlossenen lande. Eigentlich war es sogar ganz interessant. Schau mal, das ist mein Fenster. Da habe ich gelegen, erzähle ich der Mitpatientin, die ich um ihre ADHS-Diagnose beneide.
– Ich weiß.
– Woher?
– Wir waren gestern hier. Du wolltest noch rausgehen und einen Spaziergang über das Gelände machen.
– Und da hab ich dir das Fenster gezeigt?
– Ja.
– War ich irgendwie komisch?
– Na ja, du hast bestimmt eine Viertelstunde schweigend dagestanden und deinen Oberkörper vor- und zurückgewiegt.
– Oh. Das –
tut mir leid.
– Ach, so schlimm war das gar nicht.
– Das ist gut. Aber ich kann mich nicht mehr daran erinnern. Der ganze Montag ist weg.

Einhundertsechsunddreißig

– Hallo Peter, schön, dass du anrufst. Wann haben wir uns eigentlich das letzte Mal gesehen?
– Äh, gestern, Benjamin?
– Echt?
– Ja, wir sind spazieren gegangen und haben uns über Naziarchitektur unterhalten. Du wirktest total fit. Ich hab dir danach noch eine SMS geschickt. Aber du hast nicht geantwortet.
– Ich hab keine SMS bekommen.
– Doch, musst du aber. Mein Telefon hat mir keine Fehlermeldung geschickt.

Ich schaue in mein Telefon.
›Nazi-Fachwerk-Fake von 1938. 100 m von der Klinik entfernt. Und dann gibt es hier auch noch Reetdachhäuser, Baujahr ebenfalls 1938. Die waren für die Arbeiter in den Bombenfabriken, die hier nebenan waren. Für die Uhrmacher zum Beispiel, die Uhren für die verspätet explodierenden Bomben gebaut haben. Und es gibt kleine Reetdachhäuser vor den großen Reetdachhäusern, das sind Bunker.
Ausgeflippte Gegend.‹

Einhundertsiebenunddreißig

›Hey Friederike‹, schreibe ich, ›ich darf dieses Wochenende leider nur ein paar Stunden raus. Aber kommt doch zum Flohmarkt? Ist direkt hier um die Ecke.‹

›Cool. Da gibt es sicher irre Angebote.‹

Einhundertachtunddreißig

Auf dem Gelände der Klinik, gleich um die Ecke von den Bienenstöcken, ist ein großer Anhänger geparkt. Mengele steht darauf. Mengele ist die Landmaschinenfirma von Josef Mengeles Vater. Ausgeflippte Gegend.

Einhundertneununddreißig

Superman! Er springt von einem Gebäude, hebt ab, und die Passanten rufen
– Ah!, und
– Oh!, und er fliegt in den brutal blauen Himmel.

Wenn ich von einem Gebäude springe, gibt es eine Sauerei. Und die Leute sind erschrocken und weinen und werden erst langsam wütend und dann langsam froh, dass ich wenigstens niemanden getroffen habe. Und noch froher, wenn das Blut endlich vom Bordstein gespült ist.

Superman! Er springt von einem Gebäude, und seine Silhouette zeichnet sich scharf vor dem Himmel ab, eine Inspiration für die Menschen, nach dem Undenkbaren zu streben und Helden in ihren eigenen Leben zu sein.

Wenn ich von einem Gebäude springe, sagen sie nach dem ersten Schrecken
– Wenigstens hat er keinen anderen erwischt, und dann
– Was für ein Arsch, oder? Sich hier mitten in der Stadt auf die Straße klatschen zu lassen. Was für ein Arsch.

Seht mal! Da ist Superman! Wenn er von einem Gebäude springt, ist das eine Feier des Lebens, eine Feier der uns alle umgebenden, alles durchströmenden Kraft der Fantasie!

– Okay, sagen sie, ein trauriger Arsch, kann sein. Aber was für ein Arsch.

Einhundertvierzig

Das Problem mit dem Selbstmord ist ja, er ist einfach zu schön, zu kraftvoll. Und geradezu ranschmeißerisch poetisch.
Wenn ich in der Selbstmordmaschine bin, die so gleichmäßig schnurrt, die so entschieden rattert und klickt, zieht es mich immer tiefer hinein. Der Rhythmus, das Lied der Maschine klingt so viel reiner und präziser als der Lärm eines Lebens.
Dem Leben mit allem Alltag, allem Quatsch und allem Durcheinander den Tod in seiner kargen Vollkommenheit entgegenzustellen, das ist ja schon ziemlich berauschend. Aber im Vergleich zum Selbstmord ist der Tod nicht mehr als ein unausweichlicher Zufall.
Schlaganfall, Herzinfarkt, Verkehrsunfall, Krebs.
Verschleißerscheinungen, Slapstick, DNA-Kopierfehler.
Sich zu töten, in all seiner arroganten, stumpfen und dummen, all seiner peinlichen Konsequenz ist das Größte, was der Einzelne tun kann. Sich bewusst gegen das Leben entscheiden mit allem, was es zu bieten hat, und stattdessen das Nichts nehmen.
Das ist definitiv prägnanter als ›Ich kann es schaffen, oder ich kann es nicht schaffen‹, als ›Ich stehe heute trotzdem wieder auf, ich versuche es trotzdem weiter, ich weiß grad nicht, warum, aber ich lebe erst mal weiter, bis ich mich wieder daran erinnern kann‹. Selbstmord ist der massigste Brocken Poesie, den ein Mensch hochwürgen kann. Dagegen ist leben nur, was alle machen.

Einhunderteinundvierzig

Bei unserem letzten Gespräch machen der Arzt und ich einen Notfallplan, damit ich mich nicht aus Versehen umbringe, ein Zettelchen für mein Portmonee.

Einhundertzweiundvierzig

– Wählen Sie Tor eins oder Tor zwei?

– ...

– Wählen Sie Tor eins oder Tor zwei?

– ...

– Oder Tor drei?

– ...

– Sie müssen ein Tor wählen!

– ...

– Sie müssen jetzt ein Tor wählen, Mann.

– ...

– Wählen Sie sofort ein Tor!

– ...

– Bitte wählen Sie ein Tor.

– ...

– Bitte.

– ...

– Ey Kumpel, wähl jetzt sofort ein scheiß Tor oder raus aus meinem Studio.

– ...

– Kann mal irgendjemand in der Technik einen scheiß Werbeblock abfahren?

Einhundertdreiundvierzig

Treffen sich zwei Depressive in der Kneipe. Sagt der eine – nichts. Bringt der eine kein Wort heraus. Keine Silbe. Und schlafen kann er auch nicht. Trotz der Medikamente. Und die Medikamente machen ihm außerdem Angst.

Nee, so.
Beide reißen sich am Riemen, der eine geht zur Arbeit, der andere zur Beerdigung seiner Oma. Alles klappt ziemlich prima. Es funktioniert wirklich ganz gut. Und abends fühlen die beiden sich wie tot.

Nee, so.
Springen zwei Depressive an Silvester vom Dach der Psychiatrie und landen auf einer Eichhörnchenfamilie.

Nee, so.
Treffen sich zwei Depressive an Silvester und nehmen sich fürs neue Jahr vor, gesund zu werden, und springen ein Silvester später vom Dach der Psychiatrie und landen auf einer Eichhörnchenfamilie.

Nee, so.
Treffen sich zwei Depressive. Und dem einen geht es besser und dem anderen schlechter, und irgendwann glückt einem von beiden ein Selbstmordversuch. Und der andere Depressive geht auf die Beerdigung und hält eine ergreifende Rede über den Wert des Lebens und dass man es schaffen kann, und abends fühlt er sich wie tot.

Nee, so.

Hält ein Depressiver auf der Beerdigung des anderen eine Rede über die Vorteile von Selbstmord.

Nee, so.
Treffen sich zwei Depressive in einer Kneipe. Sagt der eine, mir geht's richtig gut. Sagt der andere, ja, weil wir beide tot sind.

Nee, so.
Weil wir beide tot sind. Sagt der andere, aber ich glaube nicht an das Jenseits. Puff, ist das Bier weg.

Nee, so.
Treffen sich zwei Depressive in einer Kneipe. Sagt der eine, wie geht's? Sagt der andere, geht so. Aber schon viel besser. Sagt der eine, ja, war aber auch 'ne krasse Zeit in der Kneipe.

Funktionieren

Einhundertvierundvierzig

Wir fahren durch den Tunnel. Das Licht ist orangefarbenes Flackern. Die Laternen flackflackflackflackern über die Scheibe. Vor uns ein Auto, hinter uns eins, neben uns Autos. Ich fahre durch den Tunnel. Ich schaue auf den Tacho. Ich halte die Geschwindigkeit. Der Fuß auf dem Gas. Den Fuß ein bisschen vom Gas. Nur ein bisschen. Und ich schaue auf die Straße. Ich halte die Geschwindigkeit. Mehr Gas. Die Tachonadel zittert. Die Bremslichter des Autos vor uns. Ich halte das Tempo. Und vor uns fährt einer langsamer, und hinter uns fährt einer schneller. Straße. Schau auf die Straße. Und auf den Tacho. Blick nach vorn, Blick auf den Tacho, Gasfuß, Tempo halten, Blick in den Rückspiegel, nach vorn, Tacho, nach vorn, Tacho, Rückspiegel, der Fuß, ein leises Zittern. Und die Tachonadel geht nach oben und nach unten, nach oben und nach unten. Tick, tack, tick, tack. Und dann bin ich raus, und der Regen schlägt wieder auf die Scheibe.

Einhundertfünfundvierzig

– Wie geht es Ihnen, Herr Maack?

Einhundertsechsundvierzig

Der Fuß auf dem Gas, die Trägheit, das ganze Gewicht, das einfach nur weiterwill. Und der Reifen, so plötzlich falsch zur Fahrtrichtung, taucht in die Stahlfeder, tiefer und tiefer, bis das Heck ausbricht und der Wagen über den Reifen abrollt, das Rad einknickt, der Wagen sich herumwälzt. Die erste Umdrehung ist schwerfällig, dann geht es immer leichter.

Der Fuß auf dem Gaspedal, die Trägheit, das ganze Gewicht, tausend Kilo, die weiter die Straße runterdrängen. Und der Reifen, so plötzlich so falsch zur Fahrtrichtung, taucht in die Stahlfeder, tiefer und tiefer, bis das Heck abhebt und der Wagen über den Reifen abrollt, der Reifen knickt ein, der Wagen wälzt sich herum. Die erste Umdrehung ist schwerfällig, dann geht es immer leichter. Dann kommt der himmlische Schwung, diese ungeheure Leichtigkeit.

Einhundertsiebenundvierzig

– Lithium hat auch eine antisuizidale Wirkung, sagt der Arzt, als wir nach dem Quetiapin Lithium versuchen.
– Das klingt doch prima, sage ich.
– Aber Sie wissen auch, dass Sie sich mit Lithium umbringen können, sagt die Ärztin.
– Na, dann wollen wir mal auf die antisuizidale Wirkung hoffen, oder?

Angry Birds Match, Level 295

Einhundertneunundvierzig

Auf einer Feier mit Menschen, die du gernhast. Thorstens Geburtstag. Ihr seid in seinem Atelier. Eigentlich magst du den Geruch. Das frisch gesägte Sperrholz, die Maschinen, die sorgsam aufgetragenen Farben. Aber heute riechst du das nicht.

Du stehst bei einem, dann bei einem anderen und dann bei noch zwei anderen. Bei Sven, bei Lars, bei noch jemandem. Du erzählst von den letzten Monaten. In hübschen, unterhaltsamen Päckchen. Die Nacht in der Geschlossenen. Die Selbstmordstunden. Nicht so schlimm. Alles halb so schlimm, sagst du. Nicht so schlimm, wirklich nicht so schlimm. Und irgendwie glaubst du das sogar selbst, und irgendwie denkst du zugleich, dass es doch so schlimm war. Die Angst, die Panik, die Wut, der Selbsthass, der Wunsch, ausgelöscht zu sein, weil man das andere nicht mehr ertragen kann. Das alles zerbricht beim Reden in hübsche Anekdoten. Unterhaltsam, ein bisschen krass, aber nicht so schlimm, dass man dabei das Biertrinken vergessen könnte.

Einhundertfünfzig

Und auf dem Weg nach Hause merke ich, wie ich gar nicht da war, wie ich nur meine Erinnerungspäckchen abgeliefert habe, wie ich Luft bin, wie ich nichts war gerade, wie ich nichts bin jetzt, nichts mehr als diese Geschichten.
Und ich fahre durchs Dunkel, und mein Herz holpert. Es hämmert und eiert in der Brust, und –

ich möchte mich um dieses Klopfen und Hämmern herum auflösen, –

möchte daran herunterlaufen –

und im Boden verrinnen.

Einhunderteinundfünfzig

– Ich weiß, dass ich wieder gesund bin.
– Wann weiß man, dass man wieder gesund ist?
– Ich kümmere mich um die Familie,
– ich treffe Freunde,
– lese Comics,
– sehe Internetfernsehen,
– gehe ins Kino.
– Alles in Maßen, versteht sich,
– noch nicht zur Arbeit, versteht sich.
– Ich übertreibe es nicht,
– ich mache es ordentlich,
– ich erhole mich ordentlich.
– Manchmal flicke ich Hosen oder koche Marmelade ein.
– Ich mache möglichst viel genau wie die anderen.
– Oder wie ich auf Facebook oder in Serien sehe,
– wie die anderen es machen.
– Oder wie ich als Kind in Filmen gesehen habe,
– wie die anderen es machen.
– Ich glaube daran, dass sie es wirklich so machen,
– wie manche andere an Gott glauben.

Einhundertzweiundfünfzig

Manchmal die Vorstellung, dass ich ganz von Chemikalien durchflossen bin. Dass die Tabletten das Wichtigste in meinem Leben sind. Zwei weinrote Rettungsbojen am Morgen und ein kleiner, kalter Vollmond, der mich ins Bett bringt. Ganz neu auch noch zwei längliche, weiße Pillen, eine morgens, eine abends, zweimal zwei Parallelen, die sich an ihren Enden in einem Halbkreis schließen. In der Mitte ist eine Kerbe, dort kann man sie teilen. Aber ich teile sie nicht, ich teile sie morgens nicht, und ich teile sie abends nicht.
Mein Gehirn ist ein Hafen, und die Tabletten laufen ein und laufen aus und importieren Stabilität und Nebenwirkungen und nehmen wahllos Gefühle mit aufs Meer, wo sie Schiffbruch erleiden, um bald darauf halbtot angespült zu werden. Kein Mensch ist eine Insel, heißt es ja ganz richtig, und manchmal denke ich, dass ich beides bin, kein Mensch und eine Insel.

Einhundertdreiundfünfzig

Bei neuen Medikamenten mache ich es so. Ich überlege, wie schlecht es mir geht und wie viele Nebenwirkungen ich bereit bin, für eine Besserung in Kauf zu nehmen. Als ich das Quetiapin absetze und mit Lithium anfange, bin ich ziemlich im Arsch.

Die Wirkung von Lithium ist keine Ahnung und irgendwas mit, dass man sich nicht mehr umbringen will. Außerdem haben Nirvana einen Song so genannt. Das macht Lithium zum Rockstar unter den Psychopharmaka. Wenn du Lithium sagst, denken alle so, Whoa! Super! Ist das nicht das geile Zeug, das auch Kurt Cobain nicht geholfen hat?!

Die Nebenwirkungen von Lithium sind, geht schlimm auf die Nieren, ist leicht überzudosieren und geht dann noch schlimmer auf die Nieren, leicht so schlimm, dass man stirbt. Wobei eines der Anzeichen einer leichten Überdosierung ist, dass man gelbe Ringe sieht. Klingt eigentlich ganz schön. Ist mir bisher noch nicht passiert. Außerdem Tremor. Ich habe Lithiumpatienten gesehen, die aussahen, als würden sie einen unsichtbaren Presslufthammer halten.

Bevor es losgeht, überlege ich und entscheide, dass ich bereit bin, den Presslufthammer zu halten. Nebenwirkung von Auf-den-Tremor-Warten, ich denke ständig ›Presslufthammer B-B-B-B-B-B-Bernhard‹.

Die Nebenwirkungen teile ich in drei Phasen ein. Eins. Die ersten drei Tage. Da darf alles passieren. Schlafstörungen, Tremor, Durchdrehen, von mir aus auch Halluzinationen. Wer in den ersten drei Tagen aufgibt, will es nicht wirklich. Zwei ist die erste Woche, drei der erste Monat.

In der ersten Woche habe ich Kopfschmerzen und Schwin-

del. Kann auch von was anderem kommen. Zittern, Muskelzuckungen. Wusste ich ja schon. Ganz interessant, noch kein Grund zur Panik, weil Panik eh nichts bringt und die Nebenwirkungen der ersten Tage nichts oder wenig mit den Langzeitnebenwirkungen zu tun haben. Ab der dritten schau ich genau hin, was passiert, und hoffe, dass die letzten Nebenwirkungen auch noch weggehen. Danach mache ich Kassensturz und überlege, ob ich mit der Mischkalkulation aus Wirkungen und Nebenwirkungen leben kann. Kann ich.
Einige Zeit später gerate ich in Panik, weil ich die schlimmsten Nebenwirkungen vielleicht gar nicht bemerkt habe. Sind das nicht Wortfindungsstörungen? Denke ich nicht irgendwie komisch? Und kann es sein, dass ich meine Kinder nicht mehr so gern mag wie vor den Pillen? Und bin ich nicht viel müder als sonst? Fühle ich mich nicht, als würde ich gar nicht mehr richtig aufwachen?
Dann lese ich die Nebenwirkungen auf dem Beipackzettel nach. Dann denke ich, und was genau wäre jetzt die Alternative? Und, dass ich aufhören muss, Beipackzettel zu lesen.

Einhundertvierundfünfzig

Wie geht es Ihnen?

Einhundertfünfundfünfzig

Nein, ernsthaft. Sagen Sie doch mal. Wie geht es Ihnen? Unfreundlich von mir, dass ich Sie hier seitenweise vollheule und mich bis jetzt nicht ein Mal nach Ihrem Befinden erkundigt habe. Also?

Ganz gut? Danke der Nachfrage?

Ich möchte Ihnen ja nicht zu nahe treten, aber da haben Sie offenbar nicht genau genug gefühlt. ›Mittel‹ ist nicht, wie es einem geht, sondern eine schlappe Ausrede, wenn man es lieber nicht so genau wissen will.

Bohren Sie mal richtig nach, spüren Sie mal richtig tief in sich hinein.

Warten Sie.

Haben Sie eine Uhr? Oder ein Telefon mit Stoppuhrfunktion?

Stellen Sie es auf zehn –

Okay, stellen Sie die Uhr auf drei Minuten. Überlegen Sie in dieser Zeit, wie es Ihnen geht. Von mir aus schließen Sie die Augen, und atmen Sie in den Bauch.

Und los –

Einhundertsechsundfünfzig

Nicht schummeln.

Einhundertsiebenundfünfzig

Nicht schummeln.

Einhundertachtundfünfzig

Und? Wie geht es Ihnen?

Einhundertneunundfünfzig

Die anderen sind auf Sylt, ich bin in der Tagesklinik. Am Wochenende habe ich frei und fahre für die letzten drei Tage hinterher.
Die Kinder freuen sich, Friederike freut sich. Ich habe Angst, zu versagen, und ein schlechtes Gewissen, erst jetzt zu kommen.
Ich bin krank, klar. Und ich wünschte, dass diese Krankheit ein verschissener Beinbruch wäre. Dann wüsste ich, wann es angefangen hat, was zu tun ist und wann ich wieder gesund bin. Außerdem könnten die Kinder mit meinen Krücken spielen. Ich denke, ich hätte gelbe Krücken. Nee, ich würde Theo die Farbe aussuchen lassen. Dann wären sie wahrscheinlich rot. Die Kinder fänden es gut, wenn ich wieder gesund wäre.
Ich tue, so gut es geht, als wäre ich wieder gesund, während – irgendwas in mir immer nur weg will und immer erschöpft ist und sich für all das selbst hasst.
Wolf weint, und ich will weglaufen. Theo hat Hunger, und ich möchte mich so klein zusammenrollen, dass ich weg bin.
Ich schleppe mich von Ort zu Ort und durch die Tage.
Ich liebe die drei so sehr.
Ich sage mir ›Es ist, wie es ist‹, und wenn es besonders schlimm wird ›Bleib im Hier und Jetzt‹.
Das klappt ganz okay. Aber ich weiß auch, dass meine Liebe im Moment eine schlechte Liebe ist. Wir gehen essen, gehen an den Strand, gehen in unseren Lieblingsbuchladen, rutschen im Schwimmbad, und alles ist –
Stimmt gar nicht, es ist nicht alles egal oder nur anstrengend. Das Rutschen war toll. Theo und ich mit dem riesigen Ring die Treppen rauf, sitzen drin, ruckeln ihn noch ein kleines Stück nach vorn, und dann reißt es uns hinab. Und wir können nichts tun außer schreien oder lachen.

Einhundertsechzig

Kurz bevor wir zu Omas Beerdigung fahren, habe ich eine Panikattacke. Nicht wegen der Toten, ich habe Angst vor den Lebenden, was sie alles falsch an mir finden werden.
Über Nacht ist etwas Erde von den Seiten ins Grab gefallen. Omas Sarg liegt ein bisschen schief, man kann sich vorstellen, wie ihr Körper zur Seite gerutscht ist, wie er sich ein bisschen gemütlich und ein bisschen verdreht und verrenkt in die Ecke gekuschelt hat. Ich verstehe zum ersten Mal, warum Särge mit Stoff ausgeschlagen sind. Als ich in das Loch hinabsehe, möchte ich gern mit Oma tauschen. Ich möchte lieber da unten liegen, als nachher mit den anderen um einen Tisch zu sitzen und Kuchen zu essen. Ich bin zu falsch, um hier oben zu sein. Ich bin ein Fehler, und auf einer vernünftigen Beerdigung dürfen keine Fehler passieren. Ich weine nicht, ich bin nicht traurig. Friederike sagt später, das sind wahrscheinlich die Medikamente, die mir die Tränen abgestellt haben.

Ich habe mich schon eine Woche vorher verabschiedet. Als ich aus einer Therapiegruppe komme, zeigt mein Telefon zwei verpasste Anrufe an. Ich fahre fünfzig Kilometer zum Altersheim und nehme den Körper meiner Oma in den Arm. Dann halte ich ihre Hand und sehe sie an. Das Gesicht, die Arme, der ganze Körper ist mehr ihr Körper als an den zwei Tagen davor, als er ganz den Medikamenten und ihrem Irren zwischen Leben und Tod gehört hat. Am Ende war Oma fast blind, fast taub, ein Körper zwischen dem einen und dem anderen Nirgendwo.
Meine Hand wärmt Omas zerbrechliche Finger auf. Es fühlt sich an, als würde Leben in ihren Körper zurückkehren. Als würde gleich ein Atem über ihre Lippen streichen, ihre Lun-

genflügel füllen, ihren Brustkorb heben und einen kleinen Fehler korrigieren.
In diesem Moment liebe ich sie sehr. Ich habe sie immer sehr geliebt. Wie hat sie das bloß hinbekommen, so sehr von mir geliebt zu werden? Ich wünschte, ich könnte sie fragen. Bestimmt könnte sie es mir beibringen.

Einhunderteinundsechzig

– Nee, das kann nicht an den Medikamenten liegen. Das ist Ihre innere Unruhe. Ich habe Sie diese Woche beobachtet und genau gesehen, dass das der Grund ist.
– Aber ich bekomme gerade Venlafaxin, Quetiapin und Lithium. Kann das nicht irgendwie miteinander reagieren und das auslösen?
– Nein.
– Aber das Venlafaxin wurde gerade heruntergesetzt, und das Lithium bekomme ich erst seit ein paar Tagen, und das Quetiapin wird ausgeschlichen. Das kann wirklich gar keine Auswirkungen haben?
– Nein.

Einhundertzweiundsechzig

Na, wie geht es Ihnen?

Einhundertdreiundsechzig

Ich stehe in einer Ausstellung mit Zeichnungen und grellfarbenen Drucken eines kanadischen Comickünstlers.
Ich betrachte die Bilder. Sie sind hervorragend. Das weiß ich, weil ich sehe, dass sie hervorragend sind. Sie gefallen mir, das weiß ich, weil ich viele Bilder gesehen habe, weil ich Bilder, die mir gefallen, erkenne, weil ich mich vor diesen Bildern in viele andere Bilder hineingedacht und hineingefühlt habe, weil ich glaube zu wissen, welche Kunstwerke etwas mit mir teilen, das uns verbindet.
Jetzt sehe ich die Bilder, diese hervorragenden Bilder, und es passiert gar nichts.
Es gelingt mir einfach nicht, ihnen zuzuhören, ihre Sprache zu verstehen, mit ihnen zu schwingen, einen gemeinsamen Raum zu schaffen, in dem wir uns austauschen können.
Ich stehe vor den Bildern, als wären sie nur ein Haufen Farben und Formen und Striche, als wären sie kaum mehr als Wand.
Ich stehe vor den Wänden, als wäre ich kaum mehr als nichts.

Einhundertvierundsechzig

Antidepressiva machen, dass die Löcher, in die man immer wieder fällt, nicht ganz so tief sind. Das ist gut. Das merke ich. Manchmal merke ich auch, dass sie noch andere Sachen machen. Ich weine weniger. Manchmal glaube ich, dass ich mich weniger freue. Die meiste Zeit kann ich ganz gut damit leben. Angst bekomme ich nur, wenn ich das Gefühl habe, dass nicht nur oben und unten, sondern auch links und rechts was fehlt, wenn ich mir vorstelle, dass vielleicht ganze Gefühle weg sind. Dass ich ein paar Dinge, die das Menschsein ausmachen, grad nicht mehr mitfühlen kann. Dass ein paar Verbindungen zwischen mir und der Welt gekappt sind. Dass manche Dinge, die mal Bilder waren, jetzt nur noch ein Haufen Farben und Striche sind.

Einhundertfünfundsechzig

Dieses Leben, dieses ganze ereignisarme Krankgeschriebenenleben erledigt mich. Küche aufräumen, Wäsche waschen, Kinder wegbringen, Kinder abholen. Es gibt keinen Ort, an dem ich mich sicher fühle. Ich bin jetzt seit vier Monaten aus der Psychiatrie und habe letzte Woche aus lauter Panik meine Wiedereingliederung bei der Arbeit verschoben.
Gestern war ich mit Theo beim Judo, danach direkt beim Laternelaufen. So viele Menschen. Beim Anzünden der Kerze halte ich meine Hand von oben in die Laternenöffnung, mache das Feuerzeug an und merke, wie die Flamme meinen Daumen verbrennt. Ich halte das brennende Feuerzeug so lange, bis der Vater, von dem ich es habe, mich komisch ansieht. Sieht er mich komisch an? Ich stehe mitten zwischen den Kindern und Eltern und halte das Feuerzeug, verbrenne meinen Daumen, und es beruhigt mich. Kranke Scheiße. Später, als Theo und ich zu Abend essen, stürze ich ein Bier herunter. Dann gehe ich
– Bin gleich wieder bei dir, Hase,
in die Speisekammer im Keller, um mehr Bier zu holen, aber da ist keins mehr. Theo wartet oben. Hastig öffne ich die Schraubverschlussflasche Kochwein und lasse so viel in mich hineinlaufen, wie ich kann. Dann steige ich wieder hoch. Heimlich Kochwein trinken. Scheiße.
Mein Daumen tut weh. Längst nicht weh genug.

Einhundertsechsundsechzig

Manchmal, wenn ich in der Wanne liege, im leeren Haus, kann ich mir nicht vorstellen, jemals wieder aufzustehen. Ich weiß einfach nicht, woher ich die Kraft nehmen soll. Dann stelle ich mir vor, wie es wäre, in das warme Wasser auszulaufen. Mich durch die Pulsadern hinaus zu verteilen und auszudünnen. Aber nur, bis mir klar wird, dass Theo, Wolf oder Friederike, dass einer von ihnen mich finden wird. Wirklich. Das denke ich eh. Solange man noch auf der Pfanne hat, dass irgendwann jemand kommt und von der Schweinerei traumatisiert wird, geht es noch einigermaßen.

Einhundertsiebenundsechzig

Wenn ich Angst habe,
Wenn die Panik kommt,
Verstecke ich mich bei dir.

Ich fliehe in dich,
Ich verstecke mich in dir,
Angry Birds Match.

Ich gebe mich in deine Gesetze,
Ich gebe mich in deinen Zufall.
Ich gebe immer wieder auf,
Und du verurteilst mich nicht.

Ich mache immer wieder weiter,
Ich bin schwach,
Ich bin schlecht,
Und du verurteilst mich nicht.

Ich bin nicht gut,
Angry Birds Match,
Das weißt du.

Und für dich
Muss ich nicht gut sein,
Für dich bin ich
Gut genug.

Ich verspiele meinen Hass
In dir.
In dir

Verstehe ich, was nötig ist.

Ich muss dich nicht können.
Aber dich kann ich
Aushalten.

Bei dir kann ich aufgeben.
Allem, was ich bin, passiert
Nichts.

Bei dir kann ich sein,
Wer ich bei dir sein kann,
Angry Birds Match.

Und ich traue mich nicht,
Aufzuhören.
Bei dir traue ich mich,
Nicht aufzuhören.

Einhundertachtundsechzig

Zu lange auf dem Flohmarkt. Was heißt das? Eine scheiß Stunde. Die Geräusche, die Stimmen, das alles nicht mehr filtern können.

Alles gleich laut,

alles gleich

da,

gleich drängend. Die Berührungen. Jede brennt ein bisschen. Das Drücken, das Schieben, die ganze Nähe. Am schlimmsten sind die Blicke, am allerschlimmsten die Blicke der Leute hinter den Ständen. Am allerallerschlimmsten ist, dass Theo und Wolf dabei sind.

Alles brennt, alles drängt. Alles ist Kontakt, alles will etwas. Alle tun etwas. Und alles, was die anderen tun, ist ein bisschen falsch und auch ein bisschen alles, was ich tue, und plötzlich bin ich ein bisschen alle, ein bisschen jeder von ihnen, und alles ist plötzlich zu viel und vollkommen unaufhaltsam.

Überall Funken.

Alles so grell und nah.

Wir schlagen aneinander wie ----------.

Einhundertneunundsechzig

Es einfach machen. Nicht aus Pathos, nicht dramatisch. Einfach aus Interesse, aus Neugier. Es machen, weil es geht. Und das Blut läuft aus den Armen die Hände runter. Schönes, warmes Blut. Und langsam geht man über vom Bewusstsein zum Unbewusstsein, vom Leben ins Sterben und vom Sterben in den Tod. Drei bequeme Stufen. Klingt schön. Klingt wie drei Stufen in ein warmes Bad nach einem Tag im Schnee, in das man hineingleitet und bleibt.

Einhundertsiebzig

Es war auch mal schön. Aber ich erinnere mich nicht mehr.
Ich war auch mal wütend. Aber ich weiß nicht mehr, warum.
Ich erinnere mich an Müdigkeit.
Ich erinnere mich an Erschöpfung.
Ich erinnere mich daran, weil ich jetzt müde bin, weil ich jetzt erschöpft bin.
Bin ich jetzt ein Leben müde?
Und was unterscheidet die Müden von den anderen?

Einhunderteinundsiebzig

Ich bestelle *Selbstmord* von Édouard Levé. In einer Rezension steht, Levé hätte seinen eigenen Selbstmord beschrieben, das Manuskript an seinen Verleger geschickt und sich ein paar Tage danach umgebracht, wie es im Buch steht.

Er und seine Frau wollen zum Tennis. Er sagt, er hat seinen Schläger vergessen, geht noch mal ins Haus, in den Keller und schießt sich mit einer extra dafür vorbereiteten Flinte in den Kopf. Er verabschiedet sich mit einer Lüge von seiner Frau, und das nächste und letzte Bild, das er ihr von sich zumutet, ist sein Matschegesicht. Was für ein Arsch. Könnte sein, dass er es ihr damit leichter machen wollte. Könnte sein, dass er sich schon längst auf die allerzärtlichste Art von ihr verabschiedet hat. Könnte sein, dass er längst nichts mehr fühlen konnte und gar nicht mehr verstanden hat, was er da macht. Kann ich mir bei jemandem, der seinen Selbstmord vorher in ein Buch reinschreibt, aber nur schwer vorstellen.

Ich bestelle außerdem *Hand an sich legen* von Jean Améry, weil das auch in der Besprechung erwähnt wird, die mir Google anzeigt, als ich die unoriginelle Wendung ›Selbstmord in der Literatur‹ eingebe. Keine Ahnung, warum. Ich habe wohl kurz gedacht, ich müsste mich mehr mit dem Thema beschäftigen. Eigentlich habe ich mich mehr mit dem Thema beschäftigt, mehr als mir lieb ist und immer weiter.

Normalerweise bestelle ich meine Bücher beim Buchhändler am Marktplatz. Die wissen aber, dass ich in der Psychiatrie war, und ich möchte nicht, dass sie sich Sorgen machen. Deshalb Amazon. Ich werde die Bücher nicht lesen, keine Ahnung, warum ich sie überhaupt kaufe.

Der Rezensent hat irgendwas davon geschrieben, dass der Typ, der sich in den Kopf geschossen hat, seine Gedanken super konsequent in die Tat umgesetzt hätte. Ich find's einfach nur super scheiße.

Einhundertzweiundsiebzig

Wie geht es Ihnen?

Einhundertdreiundsiebzig

Oder weißt du noch, wie überfordert du vorhin davon warst, deinem Sohn ein Schulbrot zu machen? Weil die Küche nicht aufgeräumt war. Das hat dich fertiggemacht.

Kaputter Typ.

Oder gestern beim Laternelaufen. Wie Laternelaufen dich in Panik versetzt hat.

Kaputter Typ.

Zwei wöchentliche Gruppen, monatelang in Kliniken, jede Menge Ärzte und kann nicht Laternelaufen, ohne fast loszuheulen.

Kaputter Typ.

Einhundertvierundsiebzig

Sind das die Depressionen, oder ist das eine Erkältung?
Sind das die Depressionen, oder bin ich nur faul?

Einhundertfünfundsiebzig

Der Fuß auf dem Gas und der Reifen, der in die Stahlfeder taucht, tiefer und tiefer, und das Auto, das über den Reifen abrollt, sich herumwälzt, und der Fahrer, geschüttelt wie eine Puppe. Da fliegen Flaschen und Kinderbücher und Kleingeld durch den Wagen, und der Körper ruckt hin und her, die angewinkelten Beine schweben und verdrehen sich, schweben und stoßen verdreht und verrenkt zurück in ihre Gelenke. Die Wirbelsäule ist eine Ziehharmonika. Und der Kopf geht hin und her, hin und her, bis die Wirbelsäule aufgibt. Und sie bricht so arglos, und das Rückenmark reißt so leicht.

Einhundertsechsundsiebzig

Sind das die Depressionen, oder bin ich nutzlos?

Einhundertsiebenundsiebzig

Ich nehme eine Nadel. Eine Nadel ist gut. Eine dünne Nadel. Eine, bei der das Öhr so klein ist, dass man kaum den Faden hindurchbringt. Schön spitz, aber nicht so gefährlich wie ein Messer oder eine Rasierklinge.

An manchen Tagen spüre ich meinen Hass auf mich so sehr, dass es sich anfühlt, als steckten meine Schläfen in einem Schraubstock. Die Zähne aufeinandergepresst. Der Kopf wummert. Die Muskeln sind Säcke voller Steine in meinem Nacken.

Ich streiche mit der Nadelspitze über meinen Unterarm. Zuerst in einem flachen Winkel. Einmal, zweimal.

An manchen Tagen hasse ich mich so sehr, dass ich mir nicht vorstellen kann, dass etwas dagegen helfen könnte. Dann bin ich ganz und gar Selbsthass und Selbstvorwurf, ein Thermomix voll stummer Wut auf mich.

Ein Kitzeln. Ein weißer Strich entsteht und verblasst. Die Nadel auf der Haut. Ich drücke stärker. Wieder dasselbe. Noch mal. Noch mal. Noch mal.

An manchen Tagen hasse ich mich so sehr, dass Schmerz gegen das Gefühl in mir schon eine Verbesserung ist. Unkomplizierter, reiner Schmerz.

Ich erhöhe den Druck, halte die Nadel etwas gerader. Jetzt ist es ein Kratzen. Die Haut ist erstaunlich widerstandsfähig. Erst sind die roten Striemen kaum zu sehen. Dann gräbt sich die Nadel endlich hinein, und der Strich wird zu einem winzigen Bett, in das sich ein Streifen Blut legt. Es ist ein gutes, konzentriertes Gefühl. Als wäre die ganze Welt nur die Nadelspitze und der winzige Punkt, den sie berührt.

An manchen Tagen hasse ich mich so sehr, dass ich mich bestrafen muss. Damit dieses widerliche, fadenscheinige, wert-

lose Kostüm Mensch für den Rest der Welt erkennbar wird als etwas, das kaputt ist. Das geflickt werden muss. Besser weggeworfen.
Und das Blut füllt sein Bett. Erst brennt es nur, dann kitzelt und juckt es auch ein wenig, als läge die Heilung in der Verletzung.

Einhundertachtundsiebzig

Mit dem Blut kommt die Scham. Ich spüre die Scham. Ich spüre die Trauer. Scham und Trauer sind Teil der Strafe. Was soll ich Theo sagen, wenn er das sieht? Ich will ihn nicht anlügen. Seine Kinder anzulügen ist das Schlimmste. Aber das hier will man keinem Kind erklären. Ich will nichts tun, das ich den Kindern nicht sagen kann. Das ist mir wichtig. Die Kinder nicht anzulügen, das gehört doch zum Allerwichtigsten.
Tut mir leid, Theo.

– Was ist denn da passiert, Papa?, fragst du, als ich dich ins Bett bringe.
– Ach das. Hab mich an einem Dornbusch gekratzt.

--- --- -- ----.

Einhundertneunundsiebzig

Sind das die Depressionen, oder bin ich ein Arsch?

Einhundertachtzig

Später spreche ich mit Friederike. Sie ist erschrocken. Ich zeige ihr die Stelle, und Friederike beruhigt sich. Es sieht lächerlich aus. Ein bisschen getrocknetes Blut, ein paar oberflächliche Kratzer. Aber ich will mehr davon, ich will tiefer graben, ich will eingeschlossen sein in diesem Tal, in dieser Konzentration, die alles Schwierige abschaltet. Aber das sage ich nicht. Ein paar Tage und ein weiteres Mal mit der Nadel später verspreche ich Friederike, dass ich das nicht wieder machen werde. Mir selbst kann ich das nicht versprechen, Friederike schon.
So haben wir es auch mit dem Nicht-Umbringen gemacht. Und mit dem Nicht-mehr-Trinken.

Einhunderteinundachtzig

Ich besuche eine Bekannte zum Kaffee. Wegen dem Nachbarn, der ständig laut ist und durch die Decke mit ihr spricht, der etliche Details aus ihrem Leben kennt, sie an einigen Tagen verspottet und ihr an anderen droht, sich umzubringen. Wir wollen sehen, ob nur sie ihn hört.

Einhundertzweiundachtzig

– Hast du eigentlich manchmal das Gefühl, dass die Medikamente noch etwas anderes mit deinem Kopf machen?
– Klar, am Anfang spürt man die Nebenwirkungen. Kopfschmerzen, Schwindel, Muskelzuckungen, die Träume.
– Und sonst?
– Was meinst du?
– Manchmal haben psychische Krankheiten ja große Kunst hervorgebracht.
– Psychische Krankheiten?
– Psychisch Kranke.
– Sag mal ein Beispiel.
– Na ja, van Gogh zum Beispiel.
– Du meinst, wenn er nicht irre gewesen wäre, hätte er schlechter gemalt?
– Vielleicht. Und wenn er Medikamente genommen hätte, vielleicht wären seine größten Bilder nie entstanden. Immerhin, die *Sternennacht* hat er mit dem Blick aus dem Fenster seines Psychiatriezimmers gemalt.
– Du meinst, ob ich Angst habe, unter Medikamenten kein Schriftsteller mehr zu sein?
– Ja. Oder kein guter.
– Van Gogh hat zu Lebzeiten nur drei oder vier Bilder verkauft, glaube ich. Kein Schwein hat sich für seine Kunst interessiert, dann hat er Jahre in der Psychiatrie verbracht und dann der Schuss in den Bauch mit, wie alt war er, fünfunddreißig?
– Siebenunddreißig. Mit fünfunddreißig hat er sich das Ohr abgeschnitten.
– Okay, nehmen wir mal an, es hätte Ende des neunzehnten Jahrhunderts schon diese ganzen Psychopharmaka gegeben, nehmen wir an, er hätte sie genommen und sie hätten ihm ge-

holfen. Und nehmen wir mal an, er hätte von da an nur noch Quatsch gemalt. Oder gar nichts. Und nehmen wir an, er wäre siebzig geworden und hätte bis dahin ein paar hübsche Ausstellungen in Cafés auf dem Land gehabt. Vielleicht hätte er die Liebe gefunden, die er sich so sehr gewünscht hat, sie hätten Kinder bekommen und sie aufwachsen sehen. Nenn mich unromantisch, aber wenn du das aufwiegst gegen einen Nachruhm, von dem du nie erfahren wirst, ich würde die Pillen nehmen.

Einhundertdreiundachtzig

Die Ärztin diagnostiziert mir eine Persönlichkeitsstörung. Es ist ein bisschen wie bei den Tests in Illustrierten. Ich mache Multiple-Choice-Kreuze.

Haben Sie in Ihrer Kindheit Tiere gequält?
( ) Ja
( ) Nein
( ) Vielleicht

Und ein paar Tage später habe ich eine Borderline-Störung. Als ich am Nachmittag auf dem Rad nach Hause fahre, überholt ein Lkw einen anderen in einer unübersichtlichen Kurve. Plötzlich ist er auf meiner Spur, kommt mir direkt entgegen. Bloß nicht mit dieser Diagnose sterben, denke ich.

Einhundertvierundachtzig

Ein Arzt später ist von Borderline keine Rede mehr.

Einhundertfünfundachtzig

Manchmal denke ich an den Benjamin aus Karlsruhe, den Glückspilz von der Preisverleihung. Wie er auf dem Podest steht und seine Rede aufsagt. Auf so eine niedliche Art aufgeregt und unsicher. Auf so eine widerliche Art gesundet. Auf so eine fernsehdokumäßige Art der Held seiner eigenen Geschichte, der Bezwinger seiner Krankheit. Kotz.

Einhundertsechsundachtzig

– Hallo. Ich suche einen Anglerhut.
Ein Waffenladen, ein Raum voller Waffen. Ein Raum voller Möglichkeiten.
Findest du das wirklich? Weil, wenn nicht, dann denk das nicht.
Ein Raum voller Beruhigungsmittel.
Dein Ernst?
Ein Gedanke, der sich so echt, so klar, so greifbar anfühlt wie wenige Gedanken in letzter Zeit. Als wäre alles andere dagegen Nebel, der mit einem Windstoß fort und verloren sein könnte.
Hör auf damit. Das ist Quatsch, und du passt gefälligst auf, dass du nicht auch zu Quatsch wirst.
Das Metall ist bestimmt ganz kühl an den Lippen.
Ui, jetzt wird's peinlich. Mit so einem Klischee kommst du um die Ecke? Das kannst du besser. In Wahrheit heulst du doch nur, weil die Kopfschmerzen schon wieder zurück sind. Nimm halt Paracetamol und geh nach Hause. Du bist schon wieder viel zu lange allein mit deinem dummen Kopf. Das tut dir nicht gut. Du musst deine Gedanken verdünnen. Sprich mit irgendwem.
Aber mit wem?
Herrje! Bist du ein Baby? Ruf halt jemanden aus deiner Kurzwahlliste an, und dann wird geredet. Und können wir bitte den Teil überspringen, wo du sagst, du willst niemanden nerven? Alle aus deiner Kurzwahlliste lieben dich. Na gut. Alle mit Ausnahme deiner Ärzte.

Einhundertsiebenundachtzig

Gruppe. Neben mir sitzt ein Mitpatient und öffnet eine Halbliterdose Energydrink. ›Monster‹ steht auf der Dose. Sie hat die gleichen Farben wie seine Kleider und einen Mechanismus, der sie wiederverschließbar macht. Den braucht mein Mitpatient nicht, weil er sie in ein paar Zügen austrinkt. Aber er zeigt mir, wie der Verschluss funktioniert.

Viele Depressive, die ich in den letzten Monaten getroffen habe, machen das so, trinken literweise Cola oder Kaffee oder Red Bull, um sich wenigstens ein bisschen wach zu fühlen. Bei mir sind es schwarzer Kaffee, Cola light und Club Mate.

Einhundertachtundachtzig

Ich erinnere mich an eine Zeit, da war ich nie müde. Oder wenn doch, machte ich einfach weiter, und irgendwann war die Müdigkeit überwunden. Ich hab so irre viel gearbeitet. Ich konnte arbeiten von sieben Uhr morgens bis sieben Uhr abends, dann einen Freund treffen und zwei Kinofilme sehen, danach noch Bier trinken gehen und mich für das Gesehene begeistern oder mich darüber aufregen. Gegen zwei oder halb drei bin ich ins Bett. Und am nächsten Tag noch mal das Gleiche. Nichts war unwichtig. Ich habe mich immer mit aller Kraft in alles geworfen. Ich schaffte was weg, ich funktionierte.

Ich erinnere mich daran, dass ich nicht glücklich war, aber dass mich das die meiste Zeit nicht gestört hat. Ich wusste ja gar nicht, was Glück sein soll. Einmal fragte Friederike mich, ob ich glücklich bin.

– Bist du eigentlich glücklich?, hat sie gefragt, und ich habe überlegt und gesagt

– Ich bin ein unglücklicher Mensch, der mit Glück überschüttet wird.

An diese Erklärung habe ich mich von da an gehalten. Klingt abgehangen genug, dass die meisten keine Fragen stellten und ich nicht weiter drüber nachdenken musste. Irgendwas daran stimmte trotzdem nicht, war vielleicht sogar gelogen. Vielleicht dass der Satz, wie so viele Sätze, die gut klingen, in Wahrheit Unsinn ist. Weil das, was ich Unglück nannte, in Wahrheit panische Angst war.

– Ich bin ein Mensch in panischer Angst, der mit Glück überschüttet wird, bis es ihm die Luft abdrückt.

Einhundertneunundachtzig

Ich war mir damals sicher, dass irgendwann in meinem Leben etwas Schreckliches passieren wird, das alles verändert. Ein Autounfall oder ein Hirnschlag, Krebs oder eine andere schlimme Krankheit, etwas, das mich für den Rest meines Lebens in den Rollstuhl oder qualvoll ums Leben bringt. Ich hatte schreckliche Angst davor. Ich hatte schreckliche Angst vor dem Tod. Ich hatte schreckliche Angst davor, bei der Arbeit, bei meinen Freunden, bei meiner Liebe aufzufliegen, und alles ist weg.

Am größten war diese Angst, wenn alles gut war. Wenn alles andere still und rund lief, wenn ich keine Probleme fand, die ich lösen musste, keine Projekte, keine Kämpfe, dann hörte ich dieses bedrohliche Brummen und Rauschen im Hintergrund, ein Misston, der darauf wartete, laut und lauter und immer lauter zu werden und alles andere auszulöschen.

Heute bin ich glücklich. Zumindest, solange ich nicht darüber nachdenke. Wenn ich nicht darüber nachdenke, bin ich sogar jetzt mit den Depressionen ziemlich glücklich. Das ist doch gar nicht mal schlecht.

Heute habe ich keine Angst mehr vor dem Tod. Gut, da sind die Selbstmordgedanken. Aber im Vergleich sind sie bei weitem nicht so bedrohlich wie die ständige Todesangst. Und ja, vielleicht sollte ich darüber lieber einmal genauer nachdenken.

Heute ist mir nicht mehr alles so furchtbar wichtig. Das ist nicht so toll, wie es klingt, weil mir darüber immer wieder der Sinn abhandenkommt. Weil ich oft nicht mehr die Geschichten zusammenbringe, die wir alle uns immer wieder selbst erzählen müssen, damit wir das, was wir machen, ein Leben nennen können.

Heute arbeite ich nicht mehr so viel. Ich habe einen Job, aber keine Karriere mehr. Ginge gar nicht. Seit meiner ersten ›schweren depressiven Episode‹ bin ich viel zu müde dafür. Noch vor einer Stunde habe ich im Bett gelegen und meinen Mittagsschlaf gehalten. Meinen Mittagsschlaf.

Das klingt doch, als wäre ich schon so gut wie tot. Ich bin vierzig und immer müde. Als würde mir mein Körper ohne Erlaubnis große Stücke aus dem Leben reißen, Stücke, die mir eigentlich zustehen.

Einhundertneunzig

Augenpflege hat mein Opa das immer genannt. Jetzt ist er tot. Und Oma ist auch tot. Schlaf, hat mein Vater immer gesagt, ist der Halbbruder des Todes. Der Spruch ist nur so lange witzig, wie man nicht jeden Abend um neun ins Bett geht, bis sieben wie ein Stein schläft und trotzdem schon mittags wieder todmüde ist. Mein Vater ist auch tot. Müdigkeit ist übrigens der beste Kumpel von Selbstmordgedanken. Der Kumpel, mit dem man auf alten Fabrikgeländen Scheiben einschmeißt und um die Wette Baukräne hochklettert.

Einhunderteinundneunzig

Wie geht es Ihnen?

Einhundertzweiundneunzig

Ich fahre am Morgen mit dem Fahrrad zur Gruppe ins Krankenhaus und spüre eine Schwäche und Schwere in Armen und Beinen, die mir Angst macht, die mich wütend und immer wütender macht. Wie mein Körper mich so verraten kann. Ich bin vierzig. Es ist kurz nach neun. Was soll der Scheiß? Dein Kopf, rechne ich mir vor wie ein neunmalkluger Grundschüler, hat ständig mit der Depression zu tun. Das Gehirn verbraucht zwanzig Prozent der Energie, die dein Körper hat, und dein Gehirn rechnet vermutlich, seit das alles losgegangen ist, ständig daran herum, dass du einigermaßen durch die Tage kommst. Das sage ich mir. Aber so ganz glaube ich das nicht. Ich finde das so scheiße. Ich wäre gern mal wieder richtig da.

Einhundertdreiundneunzig

Ich bin bei der angepeilten Dosis. Ich habe leichte Muskelzuckungen und Konzentrationsprobleme. Und Wortfindungsstörungen, von denen ich nicht weiß, ob ich sie mir nur einbilde.
Es ist Abend, und ich putze mir die Zähne. Nebenwirkungen habe ich mir vorgestellt, Nebenwirkungen will ich verkraften, Nebenwirkungen sind der Preis dafür, dass alles andere einigermaßen läuft. Der Eintritt dafür, dass ich wieder mit den Kindern zusammen sein und mit Friederike in einem Bett schlafen kann. Aber damit habe ich nicht gerechnet. Beim Zähneputzen habe ich plötzlich ein komisches Gefühl im Mund. Statt schaumig fühlt es sich glatt und cremig an.
Scheiße. Wahrnehmungsstörungen. Eine Mundraumhalluzination. Darauf habe ich gar keinen Bock. Halluzinationen sind nicht okay. Ich wiederhole, nicht okay.

Manchmal bin ich im Krankenhaus eine Treppenhaustür zu früh raus und bei den Psychosen gelandet. Depressionen, dachte ich da immer, sind der Porsche unter den psychischen Krankheiten. Solange um dich herum alles echt ist, hält die Welt schon irgendwie zusammen.

Ich atme leise in die Panik, während ich die Kinder ins Bett bringe.
Jetzt haben die Pillen deinen Kopf endgültig verdreht, denke ich, während ich *Henriette Bimmelbahn* oder einen Comic mit Ninjas aus Lego vorlese.
Jetzt geht es ans Eingemachte, jetzt geht es an die Wahrnehmung.

Die Kinder schlafen, und das komische Gefühl ist immer noch da.
Friederike kommt ins Bad, während ich schon wieder meinen Mund ausspüle. Ich erzähle ihr, dass etwas mit mir nicht stimmt. Dass ich Angst habe, jetzt endgültig irre zu werden. Und dass ich nicht weiß, was das alles bedeutet. Ob ich besser wieder ins Krankenhaus gehe.
– Immerhin hörst du keine Stimmen, sagt Friederike.
Nein. Quatsch. Sagt sie natürlich nicht. Sagt keiner.
– Welche Tube hast du denn genommen?, fragt Friederike.
Ich zeige ihr die Tube.
– Oah Benjamin, sagt sie mitfühlend.
– Ja?, sage ich.
Ich rechne mit dem Schlimmsten. Was könnte das Schlimmste sein? Ich weiß es grad nicht.
– Das ist Gesichtscreme.
Und plötzlich laufen mir Tränen über die Wangen. Ich weine. Friederike sieht mich ratlos an. Ich weine, und ich kann nicht aufhören. Die meiste Zeit kann ich mich ziemlich gut zusammenreißen. Aber sich die Zähne mit Gesichtscreme zu putzen und das nicht allein zu kapieren, das ist viel, das ist viel zu viel.

Einhundertvierundneunzig

Oder man drückt sich ein Messer in die Schläfe. Am besten ein Filetiermesser. Nichts Edles. Stabil und scharf sollte es sein. Bestimmt reicht eins von Zwilling. Da ist das Schläfenbein. Man denkt, da geht es leicht durch, weil da ja die Witzmesser und -pfeile an Fasching hingeklemmt werden. Aber die Schläfe fühlt sich nur so an, als hätte der Schädel dort ein Loch. Ich habe das gegoogelt. Der Knochen dort ist zwar dünner als etwa beim Scheitelbein, aber ich bin mir nicht sicher, ob man mit einem Messer durchkommt. Vielleicht würde man blöd abrutschen und mit der Klinge im Mundraum landen. Vielleicht ginge es, wenn man den Griff mit der Klinge nach oben auf dem Tisch abstützt und dann seinen Kopf draufknallt. Man müsste genau zielen. Aber das könnte funktionieren. Jean Améry erzählt in seinem Buch *Hand an sich legen*, er habe von einem Schmied gehört, der sich umgebracht hat, indem er seinen Kopf in einem Schraubstock zerquetschte. Also angenommen, man würde, angenommen, man könnte mit der Messerspitze einfach in einer zügigen Bewegung durch das Gehirn stoßen, vielleicht besser etwas schräg nach hinten, schräg nach oben, damit man es auch trifft. Man kennt ja die Geschichten von den Menschen, die sich eine Waffe an die Schläfe halten und ihr Leben verfehlen. Also angenommen, man stößt das Messer schnell und entschlossen hinein. So ein Messer, das ins Gehirn sticht. Das ist ja wahrscheinlich wie Puddingschneiden, zuerst eine Spur widerspenstig, zuerst mag die Puddinghaut nicht nachgeben, und dann macht es flupp, und die Klinge ist umschlossen.

Ich bin gerade ganz wach, so wach wie schon lange nicht mehr. Dass ich all das google, dass ich nachdenke, dass ich Interesse habe, mich informiere, recherchiere, das sind doch Symptome der Besserung, oder? Zumindest fühle ich mich gerade besser, glaube ich. Also angenommen, man macht alles richtig mit der Schläfe und dem Tisch und allem. Angenommen, man kriegt das Messer wirklich in den Kopf. Ob man noch die Messerspitze spürt, wie sie auf der anderen Seite am Schädelinneren kratzt?

Einhundertfünfundneunzig

Das Loch. Klar. Idiot. Das Volleyballtherapieloch ist ja wie gemacht dafür. Die Schneide muss nur schmal genug sein, dass sie nicht auf halbem Weg zwischen den Knochen verkantet. Und lang genug, dass sie bis nach vorn reicht. Kleinhirn, Temporallappen, bis zum Frontallappen hinter der Stirn. Und dann das Kratzen und das Zittern, die minimale Erschütterung des Schädels setzt sich fort bis zu den Augenhöhlen, kitzelt die Nervenbündel hinter den Augen, kitzelt die Augäpfel, sanfte Erschütterung, Grillenzirpen oder Vibrationsalarm.

Einhundertsechsundneunzig

Bin ich ein Arsch, oder sind das die Depressionen?

Einhundertsiebenundneunzig

Ich kann nicht denken, oder? Doch. Es geht doch grad ganz gut, oder? Eigentlich doch ganz gut, oder?

Einhundertachtundneunzig

Friederike und die Kinder spielen nebenan, während ich in der Küche bin. Ich tue so, als würde ich nach dem Abendbrot aufräumen, und stürze stattdessen ein zweites Glas Wodka herunter. Es dauert nur kurz, bis die neue Welle Taubheit in meinen Kopf geschwappt ist. Alles ist besser, wenn man nicht klar denken kann. Ich trinke mehr, ich will mehr betäubt sein. Die Angst vor mir und den anderen betäuben.
Hm. Eigentlich ist mir das egal. Eigentlich will ich einfach nur stumpf sein. Eigentlich will ich einfach nur die Welt nicht mehr spüren. Eigentlich einfach nur vor allem mich nicht. Eigentlich will ich einfach nur vor allem mich nicht mehr spüren. Eigentlich einfach nur, genau. Eigentlich will ich einfach nur tot sein. Ja, eigentlich wäre ich am liebsten einfach nur tot.

Dann bringen wir die Kinder ins Bett. Nach dem Vorlesen lege ich mich zu Theo, wie wir es jeden Abend machen.
– Papa?
– Ja.
– Warum riechst du so komisch?
– Wie riech ich denn?
– Als hättest du Alkohol getrunken.
– Weil –
ich vorhin etwas Wodka getrunken habe.
– Warum denn?
– Weil –
Erwachsene das manchmal tun.
– Aber du sollst das nicht.
– Warum denn nicht, Hase?
– Weil Alkohol doch Gift ist.

Einhundertneunundneunzig

Ich will ja tapfer sein. Es geht ja nicht darum, in ein brennendes Haus zu rennen oder bei vollem Bewusstsein eine Niere zu spenden. Ich sage einfach klar, als meine Schwiegermutter verkündet, es gebe ein großes Familientreffen, ob wir auch kommen. Friederikes Familie, alle Kinder, die Eltern, Tanten, Onkels, Cousins und Cousinen, Schwägerinnen und Schwager, ein Wochenende, alle gemeinsam in einer Alpenvereinshütte nahe Hannover.

Ich fahre zweihundert Kilometer. Als wir ankommen, ist es dunkel. Wir bringen das Gepäck ins Haus. Decken, Hausschuhe, den großen, schwarzen Rollkoffer. Und ich spüre, dass mich jemand anguckt, und ich höre, dass mich jemand anspricht, und ich weiche jemandem aus, und unsere Schultern berühren sich, und jemand hinter mir sagt zu irgendjemand anderem hinter mir

– Benjamin ist ja total fertig.

Und ich sitze in einer Runde und starre auf den Boden und glaube, dass mich jetzt alle besorgt ansehen, und ich möchte nicht angesehen werden. Und Friederike setzt sich zu mir und fragt mich, wie es mir geht. Und ich sehe sie an, und sie sagt

– Wollen wir nach oben gehen?

Und sie fragt, wie es mir geht. Und sie fragt, ob ich nach Hause will. Und ich sage

– Ja.

Und in dem Moment fällt ein riesiges Gewicht von mir ab, und ich fühle mich gut. Ich kann nach Hause. Ich darf nach Hause. Und ich schäme mich, dass ich mich gut fühle, weil jemand, der sich gut fühlt, doch hierbleiben muss.

Und ich verabschiede mich von den Kindern, lüge, ich habe

noch etwas zu tun zu Hause, lüge schon wieder und verabschiede mich einsilbig von den anderen, steige ins Auto, fahre los. Und als der Wagen über die schmalen Wege durch das Dunkel in einen Tunnel aus tief herabhängenden Tannenzweigen rollt, fällt ein neues Gewicht auf mich. Ich fahre nach Hause. Tränen. Ich kann kaum was sehen, fahre trotzdem weiter auf dem schmalen Weg. Ich kann kaum was sehen, aber das ist jetzt auch egal. Und dann stelle ich mir vor, dass ich auf dem Rückweg nach Hause bei einem Autounfall sterbe und wie Theo weint und Wolf verständnislos weint und fragt

– Wo ist der Papa?,

und wie Friederike weint und sich monate- oder jahrelang dafür hasst, dass sie mich an diesem Abend hat fahren lassen. Ich halte und warte, dass das Weinen aufhört, und merke erst beim Losfahren, dass die Scheinwerfer die ganze Zeit an waren, und hoffe, dass man die Lichter von der Hütte aus nicht sieht.

Und dann sitze ich wieder zu Hause und fühle mich schwer, schwere Arme, schwere Schultern, schwerer Kopf, und frage mich, ob jemand was Schlimmes gesagt hat, als ich weg war. Also was Richtiges eigentlich. Etwas, das Friederike klarmacht, dass es besser ist, mich zu verlassen und mit jemand anderem endlich ein gutes Leben zu leben. Dass das ja auch besser für die Kinder wäre.

Zweihundert

Tür zwei?
Sie wollen wirklich die
Zweeeiiite Tür?
Wiiirkliiich?
Sind Sie sich gaaanz sicher???
Sie haben ... ge!
Wonnen!!
Freuen Sie sich??
Freuen Sie sich?

Tür zwei?
Sie wollen wirklich die
Zweeeiiite Tür?
Wiiirkliiich?
Sind Sie sich gaaanz sicher???
Sie haben ... ver!
Loren!!
Freuen Sie sich??
Freuen Sie sich?

Tür zwei?
Sie wollen wirklich die
Zweeeiiite Tür?
Wiiirkliiich?
Sind Sie sich gaaanz sicher???
Sie haben ... nichts!
Nichts!!
Freuen Sie sich??
Freuen Sie sich.

Zweihunderteins

Der Fuß auf dem Gas und dann das sanfte Überschlagen, das schwerelose Drehen, in dem so einfach nachgebenden Mantel aus Blech, spritzende Scheiben und Lacksplitter, als das Dach eingedrückt wird und die Wagenflanken ihre Wangen aufpusten. Da ist keine Straße mehr und kein Himmel. Nur noch Körper und Physik. Wunderbare Kräfte in unendlich komplexer Folge, Kräfte, die Kram zu Kunstwerken machen, die Dinge aus ihren eintönigen Gefängnissen aus Funktionen und Oberflächen befreien, diesen langen Summton Existenz zu einem herrlichen Scheppern verschönern. Blut tritt aus, Öl tritt aus. Öl und Blut mischen sich nicht. Auch das ist schön.

Gas. Und in der ganzen wunderbaren Macht, in all der Bewegung, eine Puppe Mensch in diesem Tunnel aus Gewalt, schon bewusstlos oder noch bei sich, irritiert, überfordert, berauscht von diesen ganzen ungewohnten Informationen, nicht fähig, das mitzudenken, nur im Moment zu sein. Und dann schüttelt das Drehen und Schleudern das taube Menschsein endgültig davon, ganz einfach hinaus. Die lustigen Blitze Sein, aus dem lustigen Mantel Mensch. Und auch das ist schön.

Zweihundertzwei

Es einfach machen. Nicht aus Pathos, nicht dramatisch. Einfach, weil es geht, weil es sich richtig anfühlt. Weil ich es kann, und das Blut läuft aus den Armen die Hände runter, schönes, warmes Blut. Am Anfang brennt es vielleicht, aber dann wird alles taub und dumpf und weich. Und ohne Sinn und Bedeutung gehe ich über vom Leben ins Sterben, in den Tod. Klingt schön, klingt wie ein warmes Bad nach einem Tag im Schnee, nach einem Tag in einer Alpenvereinshütte, ein warmes Bad, in das man hineingleitet und bleibt.

Zweihundertdrei

Okay, fassen wir zusammen. Ich habe mich dreifach gegen Selbstmord abgesichert.
Eins. Ich habe Friederike versprochen, mich nicht umzubringen.
Zwei. Meine Kinder werden nicht ohne Vater aufwachsen.
Drei. Wenn ich darüber nachdenke, wie ich mich umbringen könnte, denke ich sofort mit daran, wer mich finden würde.

Zweihundertvier

– Pulsadern öffnen. Aufgeweichter weißer Leib in einer blutverklebten Badewanne, Geruch wie beim Schlachter. Eisen und muffige Süße. Und wer findet den Papa dann? Theo, der auf Klo muss. Oder Wolf, der mal wieder alle Pflaster aus der Schublade räumen will. Oder Friederike.
– In einem Hotel absteigen und Tabletten nehmen. Erbrochenes, das schon in den Teppich oder die Matratze gezogen ist, Schnodder und Schleim, Galle, vermutlich Durchfall. Und dann, so acht bis zehn Stunden später, kommt ein Zimmermädchen in den Mief, das garantiert schon so genug eklige Sachen in Hotelzimmern findet.
– Vom Hochhaus springen. Immer, wenn ich das in Filmen sehe, denke ich zwei Sachen. Komisch, dass er niemanden getroffen hat. Und sieht wer, der so tief fällt, in echt nicht viel zermatschter aus, platzt der Kopf nicht wie eine Wassermelone? Ich möchte keinem Passanten meine Matsche zumuten, ich möchte nicht, dass aus Versehen jemand mitstirbt, der es eigentlich raus hat mit dem Leben.
– Sich vor die S-Bahn werfen. Dutzende Verstörte am Bahnsteig, traumatisierter Fahrer, Verspätungen im S-Bahn-Netz, und keiner weiß warum, Gedränge, wenn's dann endlich weitergeht. Finde ich immer super nervig.
– Von der Brücke vor den Zug. Siehe S-Bahn, nur ohne das Bahnsteigproblem.
– Von der Brücke auf die Autobahn. Fahrer traumatisiert, vielleicht eine ganze Familie. Möglicherweise Unfall mit mehreren Betroffenen. Oder mein Körper schlägt ungünstig auf. Schlägt durch die Windschutzscheibe und tötet die Eltern. Ein fremder Mann fällt aus dem Himmel und quetscht die Eltern tot, ein fremdes Schwein liegt auf den stummen El-

tern, während die Kleinen hinten in ihren Kindersitzen festgeschnallt sind. Stau.

Was ist Glück?

( ) Ja
( ) Nein
( ) Vielleicht
( ) Egal
( ) Nein
( ) Bitte
( ) Ich
( ) ----
( ) Nicht
( ) ----

Zweihundertsechs

Van Gogh hatte einen Bruder, der Theo hieß. Theo lebte als Kunsthändler in Paris und kam jahrelang für den Lebensunterhalt seines Bruders auf. Deshalb konnte Vincent sein, wie er will. Van Gogh war also nicht psychisch krank, er war frei. Und dann hat er sich in den Bauch geschossen.

Dann hat er sich in den Bauch geschossen, oder nach neuen Theorien war es vielleicht doch jemand anderes. Und ich weiß grad nicht, ob das einen Unterschied macht.

Zweihundertsieben

– Alle Menschen mit Selbstmordgedanken, rhetorische Pause, machen denselben Denkfehler, sagt der Arzt. Sie wünschen sich Erleichterung und meinen, sie können diese über den Suizid erreichen. Aber wenn sie sich umbringen würden, käme ja keine Erleichterung, sondern nichts.
– Stimmt.
– Sehen Sie.
– Aber ich will gar keine Erleichterung, ich will nur, dass es aufhört.
– Aber das werden Sie dann ja nicht mehr erleben.
– Das ist mir egal, mir reicht's, wenn's vorbei ist.

Zweihundertacht

Es redet ja kein Mensch von derselben Sache, wenn er von Glück redet. Der Trick ist doch gerade, dass jeder nur etwas ganz Schemenhaftes mit dem Wort verbindet und sich hütet, darüber zu reden. Über die undurchdachte Idee oder die viel zu durchdachte. Filmstellen, geile Refrainmelodien, falsch erinnerte Weisheiten eines toten griechischen Bertelsmann-Club-Philosophen. Egal. Irgendwann ist mal ganz beiläufig irgendwas an dir hängen geblieben, etwas, das dir ein diffuses Gefühl von Das-ist-richtig, Das-ist-gut, Das-ist-schön gegeben hat. Dann nur nicht drüber reden, nicht drüber nachdenken, daran rumzupfen, dran rumdrücken, schauen, was es ist. Das ist der Trick. Einfach so lassen. Ja, einige haben vielleicht noch zusätzlich eine To-do-Liste im Kopf, die selten vollständig und immer grundfalsch ist. Aber im Grunde hat man es dann schon geschafft. Jetzt nur noch so lange dran glauben, bis du es mit Glück verwechselst.

Zweihundertneun

– Hey! Hallo, schön, dich zu sehen. Was machst du hier?
– Selbstmordversuch.
– Ach, Mist. Das tut mir leid. Und jetzt?
– Ich bin seit ein paar Tagen aus der Entgiftung, jetzt werde ich neu eingestellt. Und du?

Zweihundertzehn

Nach der Rede in Karlsruhe haben ihm Leute gratuliert für seinen Mut, so offen mit diesem Thema umzugehen. Ja, die Menschen lieben Geschichten mit Happy End. Aber wenn man sein Happy End unterwegs verloren hat und die Geschichte auch, wenn man ganz verloren ist, dann –
Ja, dann hat man diesen beschissenen Benjamin, der erst so schlau über Depressionen redet und jetzt nicht kommt und hilft.

Zweihundertelf

Eine Lesung im Herbst. Ich bin nicht mehr im Krankenhaus. Ich bin nicht mehr in der Tagesklinik. Ich bin total im Arsch. Ich steige von der Bühne und sehe Verachtung in den Gesichtern. Etwas in mir behauptet, dass das meine eigene Verachtung ist. Es brennt in meinem Kopf. So viele Ansichten in den Stuhlreihen. So viel Wut auf mich. Weil ich versagt habe. Weil ich komplett aus Versagen gemacht bin.
Pause, bevor die anderen dran sind. Im Keller sagt der berühmte Schriftsteller, dessen Bücher ich liebe, das Gute an wiederkehrenden Depressionen ist, je öfter sie kommen, desto besser weiß man, dass sie auch wieder gehen. Die ersten Male habe er es auch kaum ausgehalten. Aber je öfter sie kommen, desto sicherer ist er, dass sie auch wieder aufhören.
Wir stehen neben einem Rechteck aus Gemeindehaustischen im Keller einer zweihundertfünfzig Jahre alten Villa. Im Park rund um den Bau stehen Bäume, so alt, dass ihre Gestalten, ihre Würde nichts mehr mit den Bäumen zu tun haben, die in Stadtparks stehen.
Die Tische umstellen ein großes Loch in der Mitte des Raumes. Da sind Backbleche voll mit Apfelkuchen und etliche Flaschen Apfelsaft. Hektisches Klimpern, wenn jemand gegen einen der Tische stößt. Ich erinnere keine anderen Getränke, kein anderes Essen. Apfelsaft. Und Apfelkuchen. Etliche Bleche Apfelkuchen.

Zweihundertzwölf

Bin ich jetzt mit diesem Buch da draußen für immer der Depressive? Empfinden Menschen Mitleid für mich, fragen Freunde zu oft, ob alles okay ist? Halten meine Kollegen mich für nicht belastbar?

Denken Sie, ja, genau Sie, vielleicht gerade beim Lesen, was für ein Jammerlappen?

Zweihundertdreizehn

Vor etlichen Jahren schreibt ein Journalistenkollege einen Artikel über Zwangsstörungen. Er sucht jemanden, der über seine Zwänge spricht.

– Kann ich machen, sage ich.

Meine Chefin meint, ich könne das auf keinen Fall machen, ich müsse an meine Karriere denken, wenn das da einmal stünde, sei ich für immer der mit den Zwangsstörungen.

Zweihundertvierzehn

Manchmal liegen der Baggerfahrer, der zu lieb ist für die Welt, in der er lebt, und ich auf unseren Betten und reden. Wir erzählen uns von unseren Leben, unserer Arbeit. Einmal frage ich ihn, ob er mit seinen Kollegen darüber reden kann.

– Worüber? Hierüber?

– Klar.

– Nee.

– Hast du gar keine Freunde bei der Arbeit?

– Ein oder zwei, aber es sind ja auch immer andere Baustellen.

Zweihundertfünfzehn

Ich lese das *Selbstmord*-Buch doch noch. Eigentlich will ich nicht. Aber wenn man jemanden einen Arsch nennt, muss man vielleicht auch sein Buch lesen.
Als ich anfange, stelle ich mir vor, dass der Mann im Buch etwa vierzig ist. So alt wie ich. Ich lese den Text, der Protagonist ist fünfundzwanzig. Und sein Blick auf sich und die Welt ist so eitel und egoman, wie er nur bei einem Fünfundzwanzigjährigen sein kann. Ich denke, dass auch Levé so alt war, als er das Buch geschrieben und sich umgebracht hat.

Wenn ich an Tote denke, stelle ich mir manchmal vor, wie sie jetzt aussehen. Nach Monaten, Jahren, Jahrzehnten in ihren Holzkästen unter der Erde. Ich stelle mir vor, wie die Feuchtigkeit, die Tiere und Pflanzen, die Erde ihren Weg in den Sarg gefunden haben. Wie der Körper in den seidenen Beschlag sinkt, wie das Fleisch sich von den Knochen löst, wer in den Augenhöhlen nistet. Ich habe damit angefangen, als mein Opa gestorben ist. Wenn ich bei meinen Eltern war, bin ich manchmal durch das kleine Wäldchen zum Friedhof gegangen, habe sein Grab besucht und mir seine Leiche vorgestellt.

Levé hat sich zweitausendsieben umgebracht. Er ist seit etwas mehr als zehn Jahren tot. Ich mache eine Bildersuche auf Google, und ein Mann sieht mich an. Schlecht gelaunt, kein Fünfundzwanzigjähriger. Eher vierzig, eher genauso alt wie ich. Levé war einundvierzig als er sein Buch beendete, Levé war einundvierzig, als er sich umgebracht hat.

Zweihundertsechzehn

Ich rufe bei der Ärztin an. Ich brauche bessere Medikamente. Oder wenigstens mehr.

Zweihundertsiebzehn

In Stummfilmen machen sie es so. Sie machen es da so, damit auch der Unaufmerksamste kapiert, dass jetzt was Schlimmes kommt. Ich nehme die Hände vom Lenkrad und halte sie vor meinen weit geöffneten Mund. Die Augen aufgerissen, die Hände vorm Mund. So wird in Stummfilmen gezeigt, dass die Figur etwas Schreckliches sieht. Es ist ein ungeheuer gekünstelter, ein peinlicher Ausdruck, den niemand in echt benutzt. Aber jetzt schon. Ich schon. Ich sehe etwas Schreckliches, ich nehme die Hände vom Lenkrad und halte sie vor den weit aufgerissenen Mund. Tränen stauen sich hinter den Augen, wieder dieser schmerzhafte Druck. Fühlt sich an, als würden die Tränen meine Augen jeden Moment mit einem Schwall aus dem Kopf spülen. Ich bemerke die Hände vor meinem Gesicht, den offenen Mund. Ich schließe den Mund und lege die Hände zurück ans Lenkrad und bin wieder auf der Autobahn. Und in meinem Kopf ist ein neues Erlebnis, so real wie alle anderen.

Zweihundertachtzehn

Der Fuß auf dem Gas. Und wie ich mit einem Ruck das Lenkrad nach rechts drehe. All das Gewicht, das einfach nur weiter die Straße runter will. Und der Reifen taucht in die Stahlfeder, tiefer und tiefer, bis das Heck ausbricht und das Auto über den Reifen abrollt, das Rad einknickt, der Wagen sich herumwälzt, erst schwerfällig, dann immer leichter. Dann kommt ein himmlischer Schwung. Eine ungeheure Leichtigkeit. Fast wie Schweben oder Fallen.

Gas.

Ich habe mir noch nie vorgestellt, wie es wäre, mich zu töten. Ich habe mir das immer verboten.

Gas.

Das stimmt nicht. Ich habe schon oft in der Badewanne gelegen und gedacht, ich würde nie wieder aufstehen. Dann das Filetiermesser, die Selbstmordtage in der Klinik. Okay, vielleicht habe ich ein paar Mal dran gedacht. Aber das hier ist anders. Das hier ist alles auf einmal, einfach so. Wie das Glas in mein Gesicht platzt, wie der Gurt in meinen Körper schneidet. Mit aller Wucht in den Kopf gerammt, ein Pflasterstein Information.

Gas.

Plötzlich in meinem Kopf. Unerwartet und ungebeten. Vielleicht war es das Rollen, das ruhige Summen der Reifen auf der Straße. Ich weiß es nicht.

Pflasterstein.

Gaspedal.

Wie ich mit einem Ruck das Lenkrad nach rechts drehe, den Fuß auf dem Gaspedal, und der Reifen in die Stahlfeder taucht, und das Auto über den Reifen abrollt, sich herumwälzt und mich schüttelt wie eine Puppe. Und ich schreibe eine SMS an Friederike.

›Tut mir leid. Es ging nicht mehr. Ich liebe euch. Benjamin‹

Da fliegen Flaschen und Kinderbücher und Kleingeld, und mein Körper ruckt hin und her, und ich drücke auf Senden, die angewinkelten Beine schweben und verdrehen sich, schweben und stoßen verdreht und verrenkt zurück in ihre Gelenke. Und mein Kopf geht hin und her, hin und her, bis die Wirbelsäule aufgibt, und sie bricht so bereitwillig, und das Rückenmark reißt so leicht.

Gas.

Treibt die Räder leer durch die Luft, kein anderer Wagen auf der Straße, und das Auto, der Renault Kangoo, das Familienauto, verspritzt noch einmal sein Silber, seinen Lack in einem Schweif durch das Dunkel. Ein komischer Hüpfer über die Leitplanke, kein Kratzer an der Leitplanke, und dann rollt der Wagen die Böschung hinunter über Gras und Gestrüpp in einen kleinen, aber tiefen Weiher. Und während er seine letzte Luft durch das Wasser in den Nachthimmel blubbern lässt, während die Splitter auf der Straße von ein paar Lkw verweht werden, während der letzte Wellenkreis auf dem Wasser verflacht, zu schwach, um noch das Ufer zu erreichen, scheint ein stummes Lichtlein vom Grund des Sees. Das Tele-

fon summt noch einmal und ertrinkt. ›Nachricht nicht zugestellt‹, summt es.
Und ich bin fort. Einfach fort. Nicht tot, nur weg.

Zweihundertneunzehn

– Wo ist Papa?
– Der Papa ist jetzt an einem besseren Ort, sagt Friederike und stellt sich vor, wie ich einsam in einem Haus an der französischen Atlantikküste oder einem romantisch verfallenen Bauernhof in Mecklenburg-Vorpommern lebe, während die Kinder mit ihrem neuen Vater spielen. Es hat gar nicht lang gedauert, bis sie sich an ihn gewöhnt haben. Es hat gar nicht lang gedauert, bis Friederike und er einander gefunden haben.

Zweihundertzwanzig

Ich tippe diesen Text, und plötzlich hockt Wolf vor meinem Kellerfenster, und ich winke und lächle. Ich kippe das Fenster und schiebe meine Finger durch den Spalt, drücke seine kleine Hand. Ich sage
– Na, mein lieber Bär?
Ich mache die Sachen, die ein guter Vater macht, funktioniere, wie ich mir vorstelle, dass ein guter Vater funktioniert. Aber man kann nur eins von beidem ernst meinen. Schaut man auf der Website für den ›Vater des Jahres‹-Preis, steht da im Kleingedruckten, dass die Trophäe nicht posthum an Selbstmörder verliehen wird.

– Die Welt fällt so leicht auseinander. Alles ist so fremd und unzusammenhängend.

– Ich glaube, ich habe nur schlechte Gründe, mich umzubringen.

– Aber manchmal weiß ich zu hundert Prozent, dass ein schlechter Grund, mich umzubringen, immer noch besser ist, als weiterzuleben.

– Viel öfter weiß ich, dass das totaler Quatsch ist.

– Und selbst dann kann ich manchmal trotzdem nichts dagegen tun.

– Ich übertrage meine Notizen und möchte sterben.

– Ich sehe mir extrahaltbare Stahlwäscheklammern auf Amazon an und kann nicht mehr leben.

– Ich habe nichts zu bieten, was menschlich genug wäre, um es herzuzeigen.

– Ich weine um mich.

– Ich bin von mir selbst angewidert.

– Ich muss mich verbergen.

– Ich weiß nicht, was ich tun soll.

– Ich will ja was tun.

– Aber wo finde ich etwas in mir, mit dem ich zurück unter Menschen kann?

– Selbstmordgedanken kann man das wahrscheinlich gar nicht nennen, weil ich nicht mehr oder kaum noch denke, wenn es so ist wie jetzt. Es ist eher der Wunsch, tot zu sein. Der Wunsch zu sterben als naheliegende Alternative zum Leben. Wie Kaffee oder Tee.

– Mein Wunsch zu sterben und ich sehen einen mittelmäßigen Kinofilm.

– Mein Selbstmordwunsch und ich sehen eine Serie,

– wir gehen auf den Markt,

– wir lesen ein Buch.

– Mein Selbstmordwunsch ist ein nerviger Bekannter, von dem ich nicht weiß, wie ich ihn loswerden soll.

– Meine Selbstmordgedanken und ich sitzen gemeinsam auf der Couch.

– Heute hat Wikingerschach geholfen.

– Wenn Wikingerschach hilft, kann einem das mit dem Selbstmord doch so ernst nicht sein, oder?

– Es einfach machen. Nicht aus Pathos, nicht dramatisch, es einfach machen, weil es --------- ---. Und das Blut läuft aus den Armen die Hände runter, schönes, warmes Blut. Und langsam geht man über vom Leben ins Sterben und vom Sterben in den Tod. Klingt schön, klingt wie ein warmes Bad nach einem Tag im Schnee oder nach ein paar Minuten in einer Alpenvereinshütte nahe Hannover, in das man hineingleitet und bleibt.

– Heute hat Wikingerschach geholfen.

– Ich möchte mein Leben verlieren wie einen Schlüsselbund.

– Die Schienen der S-Bahn glänzen so schön.

– Fahr mir den Kopf ab, du liebe, liebe S-Bahn.

– In einer Bäckereifiliale sitzen,

– Kaffee trinken,

– lesen,

– plötzlich wieder der Druck hinter den Augen,

– die Leere,

– das Sterbenwollen.

– Warum noch mal?

– Ach ja.

– Selbstmitleid.

– Oder Erschrecken, dass das hier mein Leben ist.

– Dass so etwas überhaupt ein Leben sein kann.

– Oder dass ich das hier, mein krankes Leben, vielleicht mehr mag als mein gesundes davor.

– Die Luft riecht so gut, ich habe Kopfschmerzen, ich will sterben.

– Ich fühle mich zittrig, vor dem Kino,

– Fruchtgummi kaufen strengt mich ungeheuer an. Ich möchte sterben.

– Und dann sind die Selbstmordgedanken manchmal weg.

– Und dann merke ich es und fühle mich allein.

– Ich sticke einen Baum und will sterben.

– Der Wunsch zu sterben hat einen Griff, der gut in meiner Hand liegt,

– und Rollen, dass er mir leicht folgen kann.

– Keine Tricks benutzen, obwohl ich weiß, dass sie helfen.

– Weil ich diese Verzweiflung nicht mit einem Trick wegbekommen will.

– Dann wäre die Verzweiflung doch auch nur ein Trick.

– Und ist dann nicht alles Trick?

– Heute hat Wikingerschach geholfen.

– Es ist gar nicht so, dass ich mich so besonders zum Tod hingezogen fühle,

– es ist nur so, dass mir das Leben manchmal so fremd wird.

– Wie ein Insekt, das man erschrocken von der Schulter wischt. Und zisch.

– Das Wissen darum, dass dieses Gefühl, dass dieser Wunsch, dass sich das alles mit ein paar Tricks, ein paar Gedanken auflösen lässt. Ein merkwürdiges Dilemma.

– Ginge es nicht um mich, würde ich vielleicht sagen, ein Dilemma von fundamentaler Schönheit.

– Ginge es nicht um mich, würde ich vielleicht sagen, ein kraftvolles Bild.

– Oder ein Bild von bleierner Schwere,

– einer Schwere, die über jedem Leben liegt und die einem das Menschsein selbst leicht machen kann.

– Oder so.

– Und dann kann ich mich wieder kaum bewegen.

– Und draußen lachen und brüllen Theo und Wolf.

– Und ich kann nicht zu ihnen,

– oder ich will nicht.

– Ich wünsche ja niemandem den Tod außer mir.

– Mir wünsche ich ihn, wie Kinder sich absurd teure Geburtstagsgeschenke wünschen.

– Quatsch. Das ist Quatsch. Du willst das eigentlich nicht. Du kannst es nur grad nicht nicht wollen.

– Ich möchte mein Leben verlieren, wie man einen Schlüsselbund verliert.

– Wenn man mich fragen würde, warum ich mich umgebracht habe, wäre es immer was anderes.

– Ich wollte nicht auf dem Bahnhof sein.

– Ich halte mich grad nicht aus und weiß nicht, was ich tun soll.

– Laternelaufen.

– Genau genommen

– alles Scheißgründe.

– Man bräuchte schon

– einen richtig guten.

– Etwas Klangvolles,

– etwas Beeindruckendes,

– einen guten Oneliner für den Abschiedsbrief,

– der dann aber auch stimmt.

– Und wenn die Selbstmordgedanken weg sind,

– wenn meine Selbstmordgedanken weg sind,

– bin ich allein.

Und oben fährt Wolf mit seinem Plastikmotorrad durchs Wohnzimmer und ruft seine Puppe.

Angry Birds Match, Level 366

Angry Birds Match, Level 366

Funktionieren

Knapp zwei Jahre vorher. Daniel und ich gehen durch Karlsruhe. Es ist dunkel, aber lichtverschmutzt. Es ist irgendwie zu kalt. Überall Baustellen, die ganze Stadt ist aufgerissen. Ich sage, dass ich heute nicht unter Leute gehen kann, und wir gehen unter Leute. Vom schönen Hotel zum schönen Rathaus sind es fünf Minuten Fußweg. Wir kommen an, wir klettern Treppen hinauf, dann noch ein paar Stufen, dann werde ich auf einer Bühne stehen und Worte ablesen, von denen ich glaube, dass es meine Worte sind. Ich werde manchmal hochsehen, wie man es macht. Ich werde knapp über die letzte Reihe hinwegsehen, denn so fühlt sich jeder gemeint. Manchmal hochsehen, knapp über die letzte Reihe hinweg, und Pausen machen an den Stellen, an denen Pausen gut sind. Ich werde souverän wirken, und ich werde verloren wirken. Ich werde zu schnell lesen und mich ein paar Wochen lang dafür verachten. Ein paar Wochen lang werde ich alles versaut haben. Dann wird es gehen.

Und los –

Ich erinnere mich nicht mehr genau an unser Telefonat, Herr Schmidt-Bergmann. Ich glaube, Sie sagten: »Ich rufe an, um Ihnen zu sagen, dass Sie gewonnen haben.«

Ich war erstaunt und antwortete etwas Verwirrtes wie: »Aber ich habe doch bei gar nichts mitgemacht.«

Wir sprachen ein wenig. Irgendwann hielten Sie kurz inne und fragten: »Sagen Sie, Herr Maack, schreiben Sie eigentlich noch?«

Nicht unberechtigt, mal nachzuhorchen, ob jemand, den man für seine schriftstellerische Tätigkeit auszeichnet, auch wirklich noch Schriftsteller ist. Und die vielleicht schwierigste Frage, die man mir im Moment stellen kann.

Mein letztes Buch ist 2012 erschienen. Vor mehr als vier Jahren. In der Aufmerksamkeitsspanne des Buchgeschäfts ist das eine irrwitzig lange Zeit für einen praktisch unbekannten Autor. Eigentlich ein Beinahetod.

Wie ein Mantra sagte ich mir in den letzten Jahren, du hast

keine Eile, da draußen wartet sowieso niemand auf ein Buch von dir. Ein Gedanke, der mich beruhigte. Denn tatsächlich war es mir in den letzten Jahren schlicht unmöglich, zu schreiben. Mir ist ein Beinahetod dazwischengekommen.

Anfang 2014 war ich wohl das, was man einen erfolgreichen Erwachsenen nennt. Als Schriftsteller habe ich beim Bachmannpreis gelesen, bei meiner Arbeit war ich zum Ressortleiter befördert worden. Ich hatte einen gesunden Sohn, eine kluge, witzige Frau. Und jeden Abend, wenn wir gemeinsam unser Kind ins Bett brachten, fühlte ich mich wie tot.

Statt vorzulesen, starrte ich an die Decke. Statt über Theo zu staunen, der sich mit großen Schritten entwickelte, fühlte ich mich leer. Statt Friederike aufrichtig zu lieben, reichte es gerade für eine verzweifelte Liebe. Ich war zerstört. Und schon längst zu zerstört, um es noch zu merken. Immer wieder lag ich nachts weinend im Bett, zu müde, um einzuschlafen, zu verzweifelt, um zu verstehen, was mit mir passierte.

Aber da draußen bei der Arbeit, unter Freunden, mit meinen Texten in der Hand, funktionierte ich. Dort funktionierte ich immer weiter und weiter.

Bis schließlich die Rettung kam. Ein Nervenzusammenbruch. Er war brutal und traf mich vollkommen unvorbereitet. Als würde ich nach einem Monate, wahrscheinlich Jahre dauernden Sturz plötzlich auf der Erde aufschlagen. Es war erschreckend und erstaunlich, endlich fühlte ich wieder etwas anderes als Traurigkeit und Leere. Aber es waren rasende Gefühle, schlimme seelische Schmerzen. Und es war, als würde meine Welt hinter diesen Gefühlen enden. Freunde kümmerten sich um mich, holten meinen Sohn vom Kindergarten ab, beruhigten meine Frau.

Am nächsten Tag wollte ich eigentlich wieder zur Arbeit gehen. Ein Freund, der Psychologe ist, redete es mir glücklicherweise aus.

Aus einem Tag zu Hause wurde eine Woche zu Hause, dann

fünf Wochen zu Hause. Es folgten diverse Medikamente, ein Aufenthalt in der Psychiatrie und schließlich ein schwerer Unfall bei der Volleyballtherapie. Das ist Volleyball mit einem sehr weichen Ball. Aber in einer Halle mit einer Ziegelmauer, an der ich mir den Kopf zerschlug.

Zwei oder drei Tage später erwachte ich nachts mit einer erstaunlichen Anzahl von Schläuchen in meinem Körper aus einem künstlichen Koma. Ich lag in einem dunklen Raum, Maschinen um mich herum piepsten im Rhythmus meiner Lebenszeichen, und ich hatte einen merkwürdig klaren Gedanken. Ich dachte, okay, du kannst das jetzt richtig schlimm finden, du kannst an dieser Sache verzweifeln und dich vor dem Tod fürchten, vor dem, was diese Sache mit deinem Leben anstellen wird. Oder du kannst einfach versuchen, das Beste daraus zu machen.

Der Mensch ist nicht kompliziert, der Mensch ist ebenso wunderbar wie verstörend einfach gestrickt. Und oft sind es

die simpelsten Eingebungen, die unsere Welt am zuverlässigsten zusammenhalten.
Einige Wochen Krankenhaus, etliche Tabletten, Infusionen und Spritzen, langsam wieder Gehen und Sehen üben, eine Reha. Dort nahm mein anderthalbjähriger Sohn mich das erste Mal wieder an die Hand. Sehr viel später konnte ich meinen Sohn das erste Mal wieder auf die Schultern nehmen. Insgesamt habe ich zwei Jahre lang nicht gearbeitet, die Auswirkungen des Unfalls spüre ich noch heute jeden Tag.
Dieser Zusammenbruch, die Depression, der Unfall waren vielleicht das Beste, was mir hätte passieren können. Mitten im Leben einige Schritte aus dem Alltag zurücktreten zu müssen, oder besser zu dürfen, und die Chance zu haben, sich alles anzusehen, ist befremdlich und verunsichernd. Für mich war es aber auch ein Abenteuer, ein ebenso schreckliches wie wunderbares Geschenk. Ich sah mein Leben an und sah, dass es Mist war.

Ich hatte schon immer geahnt, dass meine Grundannahmen und Überzeugungen nicht das bestmögliche Gerüst für eine glückliche Existenz waren. Mein Wesen war geprägt von zielloser Wut, Selbsthass und vor allem Angst. Angst, als Mensch verachtet, als nicht liebenswert enttarnt und am Ende ausgestoßen zu werden, nicht zu genügen, nicht gut genug und deshalb am Ende zu Recht allein zu sein, ausgerechnet mit mir, jemandem, den ich auf den Tod nicht ausstehen konnte.
Ich habe mir die Ideen eines Menschen von sich und allem um sich herum immer wie eine Unterkunft vorgestellt, ein Haus, aus dem wir einigermaßen in Sicherheit und Ruhe auf die Welt blicken. Wenn ich mir meins vorstellte, sah ich schmutzige Plastikplanen und krumme Äste, nachlässig aneinandergelehnt, durch die der Wind pfiff. Ein Bau, an den ich mich stets mit aller Kraft und Verzweiflung klammern musste, damit nicht alles über mir zusammenstürzt.
Meine Frau fragte mich damals einmal, ob ich glücklich wäre.

Ich wusste schon, dass ich sehr viel Glück gehabt hatte. Ich konnte es aber einfach nicht fühlen. Ich antwortete, dass ich ein unglücklicher Mensch sei, der mit Glück überschüttet werde.
Mit dem Zusammenbruch, der Depression, dem Unfall und seinen Folgen war meine unheimliche Behausung endlich in sich zusammengefallen. Es dauerte einige Zeit, bis ich anfangen konnte, ein neues Gebäude zu bauen. Ich bin noch dabei. Und es macht mir große Freude.
Ich war schon immer neugierig. Früher wurde diese Neugier meist von meinen Ängsten überschattet und gelähmt, heute freue ich mich über jedes neue Ereignis, jede Idee, jeden Gedanken, alles, was meine Routinen durchbricht und vielleicht zu neuen Einsichten führt.
Vor einigen Tagen habe ich mich mit einem Bandschleifer verletzt. Ich hatte einen alten Schlitten gefunden und wollte ihn für meinen Sohn herrichten, die Kufen vom Rost befreien.

Es war erstaunlich zu sehen, dass plötzlich ein großes Stück Haut und Fleisch aus meinem Finger herausgerissen waren. Dieses Loch im Finger zu sehen, der Krankenschwester und dem Arzt zu begegnen, zu beobachten, wie sie die Wunde versorgen, wie sich das Loch in meinem Finger entwickelt und verändert. Früher hätte ich mich nach einem solchen Missgeschick selbst bemitleidet, hätte das Schicksal verflucht, mein Leben und vielleicht auch den Schlitten. Nun war ich keine Sekunde ärgerlich oder selbstmitleidig, nur voller Interesse für das, was geschieht.

Ich bin immer noch in Therapie, ich nehme noch immer Medikamente. Ich habe meinen Job als Ressortleiter aufgegeben, ich arbeite nur noch drei Tage in der Woche. Ich kann endlich meine Familie lieben. Und mich selbst auch schon ein wenig. Kurz: Es geht mir gut. Besser als je zuvor in meinem Leben.

Tosender Applaus –

Liebe Leserinnen und Leser, vielleicht ist dieses Nachwort für Sie, vielleicht auch nicht. Probieren Sie es mal aus, aufhören kann man ja immer noch.

Als ich mit diesem Buch angefangen habe, war es nichts als das Übertragen ungeordneter Notizen in ein Word-Dokument, ein Vorgang, einfach genug, dass er mir in der schlimmen Zeit ein wenig Halt gab. Irgendwann sah ich irgendwo in diesen Zeilen den Keim für etwas, von dem ich mir vorstellen konnte, es einmal mit anderen zu teilen. Vorher musste ich aber eine Sache klären. Ich rief einen Suizidologen an und fragte ihn, ob ein Text über Depressionen, in dem Selbstmordgedanken eine zentrale Rolle spielen, Menschen dazu bewegen könnte, sich umzubringen. »Im Gegenteil«, sagte er, es wäre gut und richtig, dass darüber geschrieben und gesprochen würde. Wichtig sei, dass man dabei nichts beschönige oder heroisiere. Das war leicht. Selbstmordgedanken und schwere Depressionen sind weder schön noch der Stoff, aus dem Heldengeschichten gemacht sind.

Die gute Nachricht ist: Hier in Deutschland ist es relativ einfach, sich Hilfe zu holen. Im Buch klingt es nicht immer danach, aber ich bin all den Menschen, all den Ärztinnen und Ärzten, all den Pflegerinnen und Pflegern, die in der beschissenen Zeit für mich da waren, und denen, die jetzt noch für mich da sind, unendlich dankbar. Manche halfen mir mehr, andere weniger. Und manchmal habe ich erst viel später kapiert, dass mir jemand geholfen hatte.

Was ich meine, ist, dass niemand das alleine machen muss. Suchen Sie sich Hilfe. Suchen Sie sich Psychologen, Psychotherapeuten, Psychiater, probieren Sie es mit Medikamenten, gehen Sie in eine Klinik, wenn es richtig schlimm wird. Das alles bedeutet nicht, dass Sie schwach sind, es bedeutet, dass Sie stark sind, dass Sie um sich kämpfen.
Ich wünsche Ihnen alles Gute dafür.

Angry Birds Match, Level 1006

Informationen und Hilfe finden Sie bei der Stiftung Deutsche Depressionshilfe. Sollten Sie akute Selbstmordgedanken haben, die Telefonseelsorge in Deutschland ist rund um die Uhr erreichbar unter 0800 1110111 oder 0800 1110222, in Österreich unter 142 und in der Schweiz unter 143.

Weitere Informationen finden Sie auf diesen Seiten:
www.deutsche-depressionshilfe.de
www.telefonseelsorge.de
www.suizidprophylaxe.de